应用型本科院校"十二五"规划教材/经济管理类

ERP Sand Table Simulation Training Course

ERP沙盘模拟实训教程

主　编　徐淑新　孙海涛
副主编　刘晓明　李宛宣
主　审　刘　颖

哈尔滨工业大学出版社
HARBIN INSTITUTE OF TECHNOLOGY PRESS

内容简介

本书全面、系统地介绍了用友ERP沙盘模拟教学过程，形成了完整的ERP沙盘模拟教学体系。全书分为两篇：其中1~4章为实物沙盘经营篇，介绍了ERP沙盘模拟课程概况、模拟企业的概况、模拟企业的运营规则和模拟企业的运行流程；5~10章为电子沙盘经营篇，介绍了ERP电子模拟沙盘经营规则、ERP电子沙盘（商战实践平台）软件安装与启动、ERP电子沙盘与实物沙盘结合经营、沙盘企业经营战略、财务分析与评价和企业经营用表及附录。

本教材适用于高等学校经济管理类专业本科学生，以及在职培训的经济管理类从业人员学习使用。

图书在版编目（CIP）数据

ERP沙盘模拟实训教程/徐淑新，孙海涛主编.—哈尔滨：哈尔滨工业大学出版社，2012.8（2014.6重印）
应用型本科院校"十二五"规划教材
ISBN 978-7-5603-3695-4

Ⅰ.①E… Ⅱ.①徐… ②孙… Ⅲ.①企业管理-计算机管理系统-高等学校-教材 Ⅳ.F270.7

中国版本图书馆CIP数据核字（2012）第167435号

策划编辑	杜　燕　赵文斌
责任编辑	李广鑫
出版发行	哈尔滨工业大学出版社
社　　址	哈尔滨市南岗区复华四道街10号　邮编150006
传　　真	0451-86414749
网　　址	http://hitpress.hit.edu.cn
印　　刷	黑龙江省委党校印刷厂
开　　本	787mm×1092mm　1/16　印张13.25　字数300千字
版　　次	2012年8月第1版　2014年6月第3次印刷
书　　号	ISBN 978-7-5603-3695-4
定　　价	24.80元

（如因印装质量问题影响阅读，我社负责调换）

《应用型本科院校"十二五"规划教材》编委会

主　任　　修朋月　　竺培国

副主任　　王玉文　　吕其诚　　线恒录　　李敬来

委　员　　（按姓氏笔画排序）

丁福庆　　于长福　　马志民　　王庄严　　王建华

王德章　　刘金祺　　刘宝华　　刘通学　　刘福荣

关晓冬　　李云波　　杨玉顺　　吴知丰　　张幸刚

陈江波　　林　艳　　林文华　　周方圆　　姜思政

庹　莉　　韩毓洁　　臧玉英

序

哈尔滨工业大学出版社策划的《应用型本科院校"十二五"规划教材》即将付梓,诚可贺也。

该系列教材卷帙浩繁,凡百余种,涉及众多学科门类,定位准确,内容新颖,体系完整,实用性强,突出实践能力培养。不仅便于教师教学和学生学习,而且满足就业市场对应用型人才的迫切需求。

应用型本科院校的人才培养目标是面对现代社会生产、建设、管理、服务等一线岗位,培养能直接从事实际工作、解决具体问题、维持工作有效运行的高等应用型人才。应用型本科与研究型本科和高职高专院校在人才培养上有着明显的区别,其培养的人才特征是:①就业导向与社会需求高度吻合;②扎实的理论基础和过硬的实践能力紧密结合;③具备良好的人文素质和科学技术素质;④富于面对职业应用的创新精神。因此,应用型本科院校只有着力培养"进入角色快、业务水平高、动手能力强、综合素质好"的人才,才能在激烈的就业市场竞争中站稳脚跟。

目前国内应用型本科院校所采用的教材往往只是对理论性较强的本科院校教材的简单删减,针对性、应用性不够突出,因材施教的目的难以达到。因此亟须既有一定的理论深度又注重实践能力培养的系列教材,以满足应用型本科院校教学目标、培养方向和办学特色的需要。

哈尔滨工业大学出版社出版的《应用型本科院校"十二五"规划教材》,在选题设计思路上认真贯彻教育部关于培养适应地方、区域经济和社会发展需要的"本科应用型高级专门人才"精神,根据黑龙江省委书记吉炳轩同志提出的关于加强应用型本科院校建设的意见,在应用型本科试点院校成功经验总结的基础上,特邀请黑龙江省9所知名的应用型本科院校的专家、学者联合编写。

本系列教材突出与办学定位、教学目标的一致性和适应性,既严格遵照学科体系的知识构成和教材编写的一般规律,又针对应用型本科人才培养目标及与之相适应的教学特点,精心设计写作体例,科学安排知识内容,围绕应用讲授理论,做到"基础知识够用、实践技能实用、专业理论管用"。同时注意适当融入新理论、新技术、新工艺、新成果,并且制作了与本书配套的PPT多媒体教学课件,形成立体化教材,供教师参考使用。

《应用型本科院校"十二五"规划教材》的编辑出版,是适应"科教兴国"战略对复合型、应用型人才的需求,是推动相对滞后的应用型本科院校教材建设的一种有益尝试,在应用型创新人才培养方面是一件具有开创意义的工作,为应用型人才的培养提供了及时、可靠、坚实的保证。

希望本系列教材在使用过程中,通过编者、作者和读者的共同努力,厚积薄发、推陈出新、细上加细、精益求精,不断丰富、不断完善、不断创新,力争成为同类教材中的精品。

黑龙江省教育厅厅长

前　言

ERP沙盘模拟课程是继传统教学方式及案例教学方式之后的一种新的体验式的教学方式。它通过使用用友沙盘软件与企业经营管理和财务业务相结合的方式，强化了学生对管理知识的深刻理解和记忆；同时，也促进了学生对管理技能水平的熟练和提高。这对每一个受训者提高自身综合素质来说，都具有现实意义。

我们编写的这本《ERP沙盘模拟实训教程》，是根据应用型本科院校的培养目标和学生特点需要，结合用人单位对专业人才素质的要求编写的，具有以下突出特点：

(1) 以模拟企业实际概况为背景，引入了企业真实的经营信息资料作为ERP沙盘模拟使用素材，组织操作训练，具有一线实务操作的真实感觉。

(2) 以模拟企业参与市场竞争状态下的业务变化为对象，在市场规则指导下进行ERP沙盘模拟对抗训练，体现了市场竞争状态下企业经营活动与财务业务变化的复杂性。

(3) 本书是由哈尔滨德强商务学院、哈尔滨华德学院、哈尔滨剑桥学院的老师共同编写的，这些教师有丰富理论教学经验和实训教学经历，本书适合作为高等院校ERP沙盘模拟实训教材，也可以作为相关培训的参考书籍。

本教材由徐淑新、孙海涛担任主编，对全书进行了总纂和定稿，刘晓明、李宛宣任副主编，并由刘颖副教授担任了主审。参加编写人员有：徐淑新(第2,3,4,5,6,7章)，刘晓明(第8章)，孙海涛(第9章)，李宛宣(第1,10章)。限于编写人员的水平，教材难免有疏漏和不妥之处，恳请专家和读者批评指正，以便我们进一步修改和完善。

在编写过程中，我们参考并引用了大量文献资料，在此向这些文献资料的作者深表谢意。由于时间和水平有限，书中难免有疏漏与不当之处，恳请各位读者批评指正。

编者
2012.7

目 录

第一篇 实物沙盘经营

第1章 ERP沙盘模拟课程介绍 3
- 1.1 沙盘模拟对抗课程简介 3
- 1.2 ERP沙盘模拟的特征 4
- 1.3 ERP沙盘模拟的价值 5
- 1.4 沙盘模拟对抗课程学习方法 5

第2章 模拟企业的概况简介 10
- 2.1 模拟企业简介 10
- 2.2 初始状态设定 11

第3章 模拟企业的运营规则 14
- 3.1 竞争规则 14
- 3.2 内部流程及控制 19

第4章 模拟企业的运行流程 21
- 4.1 年初4项工作 21
- 4.2 每季度19项工作 22
- 4.3 年末6项工作 25

第二篇 电子沙盘经营

第5章 ERP电子模拟沙盘经营规则 29
- 5.1 市场规则 29
- 5.2 企业经营规则 31

第6章 ERP电子沙盘(商战实践平台)软件安装与启动 37
- 6.1 ERP电子沙盘软件安装 37
- 6.2 教师端运行后台(即教师端) 39

第7章 ERP电子沙盘与实物沙盘结合经营 43
- 7.1 运行方式及监督 43
- 7.2 课堂教学组织与管理 44
- 7.3 企业经营 46
- 7.4 企业运营流程 51
- 7.5 操作任务汇总表 72
- 7.6 账务处理 74

第8章 沙盘企业经营战略 77
- 8.1 沙盘企业经营战略的概念和类型 77

  8.2 企业经营战略本质 ……………………………………………………… 79
  8.3 沙盘企业基本业务的关键问题 ………………………………………… 81
  8.4 沙盘企业资金管理——现金流控制 …………………………………… 84
  8.5 沙盘企业成本费用及利润分析——为何不赚钱 ……………………… 85
  8.6 沙盘企业经营战略规划——谋定而后动 ……………………………… 88
  8.7 沙盘企业实战经营战略 ………………………………………………… 89
  8.8 沙盘企业常用经营战略 ………………………………………………… 105

第9章 财务分析与评价 ……………………………………………………… 111
  9.1 财务分析概述 …………………………………………………………… 111
  9.2 财务指标分析 …………………………………………………………… 112
  9.3 主要财务指标分析 ……………………………………………………… 114
  9.4 企业综合评价 …………………………………………………………… 121
  9.5 企业经营分析报告 ……………………………………………………… 121

第10章 企业经营用表及附录 ………………………………………………… 127
  10.1 实物沙盘各年经营用表 ……………………………………………… 127
  10.2 电子沙盘各年经营用表 ……………………………………………… 154
  附录1 生产计划及采购计划编制 …………………………………………… 194
  附录2 实物沙盘市场预测 ……………………………………………………… 198

参考文献 …………………………………………………………………………………… 201

第一篇 实物沙盘经营

第1章

ERP 沙盘模拟课程介绍

ERP 沙盘模拟课程的展开就是针对一个模拟企业，把该模拟企业运营的关键环节，即战略规划、资金筹集、市场营销、产品研发、生产组织、物资采购、设备投资与改造、财务核算与管理等几个部分设计为 ERP 沙盘模拟课程的主体内容，把企业运营所处的内外部环境抽象为一系列的规则，在分析市场、制定战略、营销策划、组织生产、财务管理等一系列活动中，参悟科学的管理规律，全面提升管理能力。

1.1 沙盘模拟对抗简介

所谓 ERP 沙盘模拟对抗，是采用哈佛大学流行的沙盘情景教学模式，并借鉴了 Management Group 公司及同类培训课程公司的相关理念和教学方式，以生产型企业为背景，让每个参赛学生置身商业实战场景，各自代表企业经营管理者，涉及财务、物流、生产、营销等重要角色，实地体验商业竞争的激烈性。ERP 沙盘模拟实训课程是构建经济管理类人才培养实训体系中一个重要的组成部分。这种实践活动对于在校学习的学生显得尤为重要。学生将置身商业实战场景，亲身体验商业竞争的激烈性，循序渐进地锻炼实践能力，尽早具备与本学科专业相关的较强的动手操作能力。

ERP(Enterprise Resources Planning)，即企业资源计划。它是利用一套物理可视化模型，对企业中有限资源的有效配置进行模拟，合理组织生产，力求做到利润最大，成本最低，即企业效益最佳。

其基本思想是围绕市场竞争的需求建立企业内、外部各种资源计划，利用计算机及网络信息系统将企业内、外部各项资源的"供应链"加以整合。企业的目标可以说是在资源一定的情况下，追求尽可能多的利润。

ERP 沙盘演练涉及很多具体的企业资源的调配、组合、安排，以及流程的处理，按照这样一种形态来模拟和展示企业经营和管理的全过程，将企业结构和管理的操作全部展示在沙盘上，它从整体战略、市场需求、物料采购计划、仓储管理、往来业务管理、生产过程管理、项目管理、设备管理、人力资源管理、运输管理、质量管理、销售管理等方面进行模拟，达到企业以销定产，以产定料，以料的需求来驱动资金的良性循环的目的，从而不断地压缩企业投资规模，加快企业资金周转，修正日常运作中的偏差，并使企业处于全面受控状态。

1.2 ERP沙盘模拟的特征

ERP沙盘模拟实训的课程教学内容包括企业经营的各个重要方面,其重要意义在于所蕴含的全新教学观念、采用的全新教学模式和产生的全新教学效果。

1.2.1 情景角色

传统教学模式的一大缺憾是理论与实践脱节。由于学生缺乏对企业实践的足够认识和感悟,对课堂教学的内容也很难真正理解和吸收,造成知识的空洞和乏味。ERP沙盘模拟实训课程为学生安排具体角色,使学生通过进入场景,身临其境地实际参与到一个企业经营的完整流程中,有利于学生的认识从理性到感性,再从感性到理性的认识循环。同时,学生通过角色扮演和体验,相互配合共同努力,培养和增强了团队协作意识,这在未来的工作中将是一笔宝贵经验。

1.2.2 综合应用

我们为什么要学习目前的各种课程?它们在实际工作中有什么作用?它们之间的关系是什么?从表1.1中我们可以看到,ERP沙盘模拟实训课程锻炼参与者综合运用各科知识解决实际问题的能力。通过对企业经营管理的全方位接触,可以使学生在参与、体验中完成从知识到技能的转化。

表1.1 ERP沙盘涉及的管理课程

管理职能	课程名称	知识到技能的转化	评价指标
战略管理	企业战略管理	战略管理过程,如何进行战略分析,如何进行企业外部环境分析,如何进行内部资源,如何进行能力和核心竞争力分析	若总分最高,确定为最佳CEO
营销管理	市场营销学	市场分析与决策,产品组合与市场定位,投标与竞标策略制定,营销效率分析,研究市场信息	若投资回报率最高,确定为最佳CMO
生产管理	生产管理与运作		若订单违约率最低,确定为最佳CPO
财务管理	会计、财务管理	资本筹集与运用、报表编制与分析、预算与税收控制、财务分析工具	若财务费用与销售额之比最小,确定为最佳CFO
人力资源	人力资源管理	岗位分工、沟通和协作、工作流程、绩效考评	与CEO相同
信息管理	管理信息系统	企业竞争信息获取,企业信息化的观念、规划、实施及关键点	若情报贡献率最高,确定为最佳CIO

1.2.3　感受管理乐趣

爱因斯坦说:"兴趣是最好的老师。"ERP沙盘模拟实训课程将让学生去快乐地学习,主动地学习,进而创造性地学习,使学生通过体验来感受管理的惊心动魄和无穷魅力,借此培养学生学习的兴趣,从而在潜移默化中完成教学任务。通过听、看、练、想,真正达到一个大学本科毕业生应具备的实践技能。

1.3　ERP沙盘模拟的价值

"ERP沙盘模拟"课程可以强化受训者的管理知识,训练技能,全面提高受训者的综合素质。

1.3.1　树立共赢理念

市场竞争是激烈的,也是不可避免的,但竞争并不意味着你死我活。寻求与合作伙伴之间的共赢才是企业发展的长久之道。通过对企业环境的分析,有效地识别什么样的企业是战略合作伙伴,什么样的企业是潜在竞争对手,通过有效的战略同盟关系,相互利用高质量的企业资源,在竞争中寻求合作,企业才会有无限的发展机遇。

1.3.2　全局观念与团队合作

企业经营要求每个角色都要以企业总体最优为目标,各司其职,相互协作,才能赢得竞争,实现目标。由于在经营过程中,有繁多的内容和复杂的步骤,没有良好的协作分工,很难做出周全的决策。学生需要学会对公司业务达成一致的理性和感性认识,形成共同语言,促成彼此之间的有效沟通。

1.3.3　感悟人生

经营自己的人生与经营一个企业具有一定的相似性。在残酷的市场竞争与企业经营风险面前,"轻言放弃"还是"坚持到底",不仅是虚拟企业面临的问题,也是人在一生中要面临的问题。在企业模拟过程中,有些时候要谨小慎微,有些时候要大刀阔斧,有些时候要反复权衡,有些时候只能孤注一掷。一个企业的风格就是其成员个性综合的反应,借此可以培养学生对于挫败的承受能力,对于收获成功背后原因的深刻思考。

1.4　沙盘模拟对抗课程学习方法

我们学习的知识有两种:显性知识和隐性知识。显性知识是指可以用语言和文字来传递的知识,高校通过课堂学习可以完成;而隐性知识的领悟只有通过实践。ERP沙盘模拟是一门体验式课程,重点培养对隐性知识的领悟。

1.4.1 盘面总体结构介绍

ERP 沙盘模拟课程的实践操作是在沙盘的盘面上进行的,每张沙盘代表一个模拟企业。各组成员的企业经营策略执行情况和运行结果将通过盘面体现出来。沙盘的盘面按照制造企业的职能部门划分了相应的职能中心,包括营销与规划中心、生产中心、物流中心和财务中心,如表 1.2 所示。各职能中心覆盖了企业运营的所有环节(战略规划、市场营销、生产组织、采购管理、库存管理、财务管理等),是一个制造企业的缩影。

表 1.2 职能中心简介

职能中心	运营环节	主要职能	简要说明	备注
营销与规划中心	战略规划 市场营销	市场开拓规划	确定企业需要开发哪些市场,市场开拓完成后,才可以进行该市场销售	本地;区域;国内;亚洲;国际
		产品研发规划	确定企业需要研发的产品,产品研发完成后,才可生产该产品	P1;P2;P3;P4
		ISO 认证规划	确定企业需要的资格认证,ISO 认证完成后,才可使用该资格	ISO 9000; ISO 14000
生产中心	生产组织	厂房	厂房用来放置购买的生产线,其价值表示在右上角	大厂房 6 条线;小厂房 4 条线
		生产线	企业已经购置的设备生产,其价值在下方"生产线净值"内表示	手工线;半自动线;全自动线;柔性线
		产品标志	表示企业正在生产的产品	P1;P2;P3;P4
物流中心	采购管理 库存管理	采购提前期	表示采购原材料要提前下订单的周期	R1, R2 提前期:1Q R3, R4 提前期:2Q
		原材料库存	表示原材料库存价值,每个价值 1M	R1;R2;R3;R4
		原材料订单	与供应商签署的原材料采购合同的价值	空桶
		成品库存	表示已拥有但未销售的产成品价值	P1(R1+1M) P2(R1+R2+1M) P3(R1+R3+R4+1M) P4(R2+R3+2R4+1M)
财务中心	会计核算 财务管理	现金	存放现金,每个价值 1M	灰币
		银行贷款	在相应位置用空桶表示,每桶 20M	长贷;短贷;高利贷款
		应收账款	在相应位置摆放装有现金的桶	装有灰币的桶
		应付账款	在相应位置摆放空桶	空桶
		综合费用	将发生的各项费用放置于相应区域	灰币

1.4.2 学员分组与团队构成

每个班级分成若干个管理团队,每个组员都担任虚拟公司的一个重要职位,分别担任不同职责,通过这个(具备真实企业所拥有的主要特征)虚拟企业,让你直观地感受企业经营的艰辛。各组根据市场预测和竞争对手的变化,灵活调整战略,从争取订单到原料采购、从生产规划到产品交付、从成本核算到报表编制,模拟企业业务流程,在一个信息对等的市场环境下,与其他企业进行激烈的竞争。参与者必须学会分析市场,认识到企业资源的有限性,才能进一步理解 ERP 的管理思想,领悟科学的管理规律,提升管理能力。

每个团队都从 1.05 亿的资产规模开始做起。各组就本企业的整体战略、产品研发、市场开发方向、生产排程、资金筹集与运用等多个方面展开讨论。在沙盘对抗赛中,每个小组代表一个企业,在运营过程中,团队合作是必不可少的。

1.4.3 人员岗位及业务分工

作为企业经营管理者,不仅需要较为扎实的管理基础理论,更需要有丰富的企业实践经验。ERP 沙盘模拟建立了一个虚拟的企业环境,将企业最重要的经营要素抽象出来,并按企业结构组织管理团队,形成了知识转移的有效情境。ERP 沙盘模拟课程开始时要对学生进行分组,每组一般 5~6 人,学生组成若干个相互竞争的模拟企业,进行每个角色的职能定位,明确组织内每个角色的岗位职责,一般分为总经理(Chief Executive Officer)、财务主管(Chief Financial Officer)、营销主管(Marketing & Sales Manager)、生产主管(Production Manager)、采购主管(Purchasing & Supply Manager)。表 1.3 明确地给出了各角色的职责与定位。

表 1.3 角色与职责定位

总经理	财务主管	营销主管	生产主管	采购主管
制定发展战略	日常记账	市场调查分析	产品研发管理	编制采购计划
竞争格局分析	报税	市场进入策略	管理体系认证	供应商谈判
经营指标确定	提供财务报表	品种发展策略	固定资产投资	签订采购合同
业务策略制定	日常现金管理	广告宣传策略	编制生产计划	监控采购过程
全面预算管理	融资策略制定	制订销售计划	平衡生产能力	到货验收
管理团队协同	成本费用控制	争取订单与谈判	生产车间管理	仓储管理
企业绩效分析	资金调度	签订合同与控制	产品质量保证	采购支付抉择
业绩考评管理	风险管理	按时发货	成品库存管理	与财务部协调
授权与总结	财务制度	应收款管理	产品外协管理	与生产部协同
	财务分析决策	销售绩效分析		

在模拟企业中,主要职能定位分别为:

1. 总经理(CEO)

企业所有的重要决策均由首席执行官带领团队成员共同决定,如果大家意见相左,由 CEO 拍板决定。每年制订全年计划,所有人可由 CEO 调动。

2. 财务总监(CFO)

主要负责资金的筹集、管理;做好现金预算,管好用好资金。管好现金流,按需求支付各项费用,核算成本,按时报送财务报表并做好财务分析;进行现金预算,采用经济有效的方式筹集资金。

3. 营销总监

营销总监,主要负责开拓市场、实现销售。一方面稳定企业现有市场,另一方面要积极开拓新市场,争取更大的市场空间。应结合市场预测及客户需求制订销售计划,有选择地进行广告投放,取得与企业生产能力相匹配的客户订单,与生产部门做好沟通,保证按时交货给客户,监督货款的回收,进行客户关系的管理。同时还可以兼任商业间谍的角色,监控竞争对手的情况。

4. 生产总监

负责公司生产、安全、仓储、保卫及现场管理方面的工作,协调完成生产计划,维持生产低成本稳定运行,并处理好有关的外部工作关系;生产计划的制订落实及生产和能源的调度控制,保持生产正常运行,及时交货;组织新产品研发,扩充并改进生产设备,不断降低生产成本;做好生产车间的现场管理,保证安全生产;协调处理好有关外部工作关系。

5. 采购总监

确保在合适的时间点,采购合适的品种及数量的物资,为企业生产做好后勤保障工作。

每个小组都拥有相同的资金、设备和固定资产。各企业通过从市场中赢得订单,然后用现金购买原材料,投入生产,最后完工交货,从客户手中获得现金,可用现金为企业打广告、开发新的产品、支付员工工资及福利、支付国家税收等。当资金短缺时可向银行申请贷款或变卖固定资产(以上各个阶段的任务要严格按照本书后面的各年任务清单执行)。

虽然都有相同的起始资金,都遵守相同的规则,但通过不同的手段,几个企业运营之后会产生不一样的结果。最终根据每个企业的利润和资产等结果评出优胜企业。

按照上述人员的职能分工和岗位职责要求,我们建议五个角色可以按照图1.1所示,对号入座。

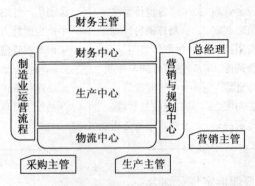

图1.1 部门与角色位置

当然,如果教学的人数多的时候,还可以适当地增加商业间谍、财务助理等辅助角色。在几年的经营过程中,虚拟企业内部可以进行角色互换,从而体验角色转化后考虑问题的出发点的相应变化,学会换位思考,加强团队配合意识。在企业经营模拟的过程中,不要怕犯错误,学习的目的就是为了发现问题,努力寻求解决问题的手段。在学习过程中,谁犯的错误多,谁的收获可能也越大。

1.4.4 公司命名与CEO就职演说

首先由CEO带领本企业所有员工召开第一个会议,为公司命名,好的名字是可以直接体现公司意向的,所以要选择那些可以吸引客户眼球的公司名字,并可以从中轻易地理解到你所销售的产品和服务。

下面给几点提示,仅供参考:

不要刻意修饰公司的名字,尽量让名字简单明了;

尽量让名字读起来很流畅,不要用一些生字、难字,让人根本读不出来;

名字要简短、好记;

字义的意境优美,符合公司形象。

第 2 章

模拟企业的概况简介

对于企业经营者来说,接手一个企业时,需要对企业有一个基本的了解,包括股东期望、企业目前的财务状况、市场占有率、产品、生产设施、盈利能力等。基本情况描述以企业起始年的两张主要财务报表(资产负债表和利润表)为基本索引,逐项描述了企业目前的财务状况和经营成果,并对其他有关方面进行补充说明。

2.1 模拟企业简介

该企业是一个典型的制造型企业,创建已有三年,长期以来一直专注于某行业 P 系列产品的生产与经营。目前企业拥有自主厂房——大厂房,其中安装了三条手工生产线和一条半自动生产线,运行状态良好。所有生产设备全部生产 P1 产品,几年以来一直只在本地市场进行销售,有一定的知名度,客户也很满意。

企业上一年盈利 300 万,增长已经放缓。生产设备陈旧,产品、市场单一,企业管理层长期以来墨守成规,导致企业已经缺乏必要的活力,目前虽尚未衰败,但也近乎停滞不前。

鉴于此,公司董事会及全体股东决定将企业交给一批优秀的新人去发展,他们希望新的管理层能够把握时机,抓住机遇,投资新产品开发,使公司的市场地位得到进一步提升;在全球市场广泛开放之际,积极开发本地市场以外的其他新市场,进一步拓展市场领域;扩大生产规模,采用现代化生产手段,努力提高生产效率,全面带领企业进入快速发展的阶段。

模拟企业财务状况与经营成果如表 2.1、表 2.2 所示。

表 2.1 利润表

单位:百万

项 目		金额
销售收入	+	35
直接成本	−	12
毛利	=	23
综合费用	−	11

续表2.1

项　目		金额
折旧前利润	=	12
折旧	−	4
支付利息前利润	=	8
财务收入/支出	+/−	4
额外收入/支出	+/−	
税前利润	=	4
所得税	−	1
净利润	=	3

表2.2　资产负债表

单位：百万

资产		金额	负债+权益		金额
现金	+	20	长期负债	+	40
应收款	+	15	短期负债	+	0
在制品	+	8	应付款	+	0
成品	+	6	应交税	+	1
原料	+	3	一年到期的长贷	+	0
流动资产合计	=	52	负债合计	=	41
固定资产		金额	权益		金额
土地和建筑	+	40	股东资本	+	50
机器和设备	+	13	利润留存	+	11
在建工程	+	0	年度净利	+	3
固定资产合计	=	5	所有者权益合计	=	64
总资产	=	105	负债+权益	=	105

2.2　初始状态设定

ERP沙盘模拟不是从创建企业开始，而是接受一个已经运营了三年的企业。虽然已从基本情况描述中获得了企业运营的基本信息，但还需要把这些枯燥的数字再现到沙盘盘面上，由此为下一步的企业运营做好铺垫。通过初始状态的设定，可以使学员深刻地感觉到财务数据与企业业务的直接相关性，理解到财务数据是对企业运营情况的一种总结提炼，为今后透过"财务看经营"，做好观念上的准备，模拟企业总资产为 1.05 亿,其中流动资产 52M①、固定资产 53M。下面就按照资产负债表上各项的排列顺序将企业的资源状况分布复原在沙盘上，复原的过程中最好请各个角色各司其职，从熟悉本职工作开始。

2.2.1 流动资产 52M

流动资产包括现金、应收账款、存货等，其中存货又分为在制品、成品和原料。

1. 现金 20M

请财务总监拿出一桶灰币(共计 20 M)放置于现金库位置。

2. 应收账款 15 M

为获得尽可能多的客户，企业一般采用赊销策略，即允许客户在一定期限内缴清货款而不是货到立即付款。应收账款是分账期的,请财务总监拿一个空桶，装 15 个灰币,置于应收账款 3 账期位置(账期的单位为季度)。

3. 在制品 8 M

在制品是指处于加工过程中，尚未完工入库的产品。大厂房中有三条手工生产线、一条半自动生产线，每条生产线上各有一个 P1 产品。手工生产线有三个生产周期,靠近原料库的为第一周期,三条手工生产线上的三个 P1 在制品分别位于第一、二、三周期。半自动生产线有两个周期,P1 在制品位于第一周期。

每个 P1 产品由两部分构成:R1 原材料 1M 和人工费 1M,取一个空桶放置一个 R1 原料(红色彩币)和一个人工费(灰币)构成一个 P1 产品。由生产总监、采购总监与财务总监配合制作四个 P1 在制品并摆放到生产线上的相应位置。

4. 成品 6 M

P1 成品库中有 3 个成品,每个成品同样由一个 R1 原材料 1M 和人工费 1M 构成。由生产总监、采购总监配合制作三个 P1 成品并摆放到 P1 成品库中。

5. 原料 3 M

R1 原料库中有三个原材料,每个价值是 1M。由采购总监取三个空桶，每个空桶中分别放置一个 R1 原料，并摆放到 R1 原料库。

除以上需要明确表示的价值之外，还有已向供应商发出的采购订货,预定 R1 原料两个,采购总监将两个空桶放置到 R1 原料订单处。

2.2.2 固定资产 53M

固定资产包括厂房、生产设施等。

1. 大厂房 40 M

企业拥有自主厂房——大厂房,价值 40M。请财务总监将等值资金用桶装好放置于大厂房价值处。

2. 设备价值 13 M

企业创办三年以来，已购置了三条手工生产线和一条半自动生产线，扣除折旧，目前

---

① 本书中 M 代表百万元。

手工生产线账面价值为3M,半自动生产线账面价值4M。请财务总监取出四个空桶,分别装入3M、3M、3M、4M,并分别置于生产线下方的"生产线净值"处。

2.2.3 负债41M

负债包括短期负债、长期负债及各项应付款。

1. 长期负债40M

企业有40M长期借款,分别于长期借款第四年和第五年到期。我们约定每个空桶代表20M,请财务总监将两个空桶分别置于第四年和第五年位置。如果以高利贷方式融资,可用倒置的空桶表示,于短期借款处放置。

对于长期借款来说,沙盘上的纵列代表年度,离现金库最近的为第一年,以此类推。对短期借款来说,沙盘上的纵列代表季度,离现金库最近的为第一季度。

2. 应付税1M

企业上一年税前利润4M,按规定需交纳1M税金。税金是下一年度交纳,此时没有对应操作。

至此,企业初始状态设定完成。

第 3 章

模拟企业的运营规则

企业是社会经济的基本单位,企业的发展要受自身条件的制约。企业的生存与企业间的竞争不仅要遵守国家的各项法规及行政管理规定,还要遵守行业内的各种约定。在开始模拟竞争之前,管理层必须了解并熟悉这些规则,才能合法经营,才能在竞争中求生存,求发展。

3.1 竞争规则

企业在一个开放的市场环境中生存,企业之间的竞争需要遵循一定的规则。综合考虑市场竞争及企业运营所涉及的方方面面,简化为以下十个方面的约定。

3.1.1 市场划分与市场准入

1. 市场划分

市场是企业进行产品销售的场所,市场划分的企业所占份额标志着企业的销售潜力。目前企业仅拥有本地市场,除本地市场外,还有区域市场、国内市场、亚洲市场、国际市场有待开发。而开发不同的市场所需要的时间和资金投入也不同,在市场开发完成之前,企业没有进入该市场销售的权利。开发不同市场所需要的时间和资金投入如表3.1所示。

表3.1 开发不同市场所需要的时间和资金投入

市场	开拓费用	持续时间	各市场开发可同时进行
区域	1M	1 年	资金短缺时可随时中断或终止投入
国内	2M	2 年	开发费用按开发时间平均支付,不允许加速投资
亚洲	3M	3 年	市场开拓完成后,领取相应的市场准入证
国际	4M	4 年	所有已进入的市场,每年需投入1M维持,否则视为放弃了该市场

2. 市场准入

当某个市场开发完成后,该企业就取得了在该市场上经营的资格(取得相应的市场准入证),此后就可以在该市场上进行广告宣传,争取客户订单了。

对于所有已进入的市场来说，如果因为资金或其他方面的原因，企业某年不准备在该市场进行广告投放，那么也必须投入 1M 的资金维持当地办事处的正常运转，否则就被视为放弃了该市场。再次进入该市场时需要重新开发。

3.1.2 销售会议与订单争取

每年初各企业的销售经理与客户见面并召开销售会议，根据市场地位、产品广告投入、市场广告投入和市场需求及竞争态势，按顺序选择订单。

首先，由上年在该市场的订单价值决定市场领导者（市场老大），并由其最先选择订单；其次，按产品的广告投入量的多少，依次选择订单；若在同一产品上有多家企业的广告投入相同，则按该市场上全部产品的广告投入量决定选单顺序；若市场的广告投入量也相同，则按上年订单销售额的排名决定顺序；否则通过招标方式选择订单。

广告是分市场、分产品投放的，投入 1M 有一次选取订单的机会，以后每多投 2M 增加一次选单机会。例如，投入 7M 表示准备拿四张订单，但是否能有四次拿订单的机会则取决于市场需求、竞争态势等；投入 2M 准备拿一张订单，只是比投入 1M 的优先拿到订单。

在填写广告单时，广告投入是按市场、按产品登记，如果想获得标有 ISO 9000、ISO 14000 的订单，必须在相应的栏目中投入 1M 的广告费。

3.1.3 客户订单

客户需求用客户订单卡片的形式表示，如图 3.1 所示。卡片上标注了市场、产品、产品数量、单价、订单价值总额、账期、特殊要求等要素。

如果没有特别说明，普通订单可以在当年内任一季度交货。如果由于产能不够或其他原因，导致本年不能交货，企业为此应受到如下惩罚：

(1) 因不守信用市场地位下降一级。
(2) 下一年该订单必须最先交货。
(3) 交货时扣除该张订单总额的 25%（取整）作为违约金。
(4) 如果上年的市场领导者没有按期交货，市场地位下降，则本年该市场没有领导者。

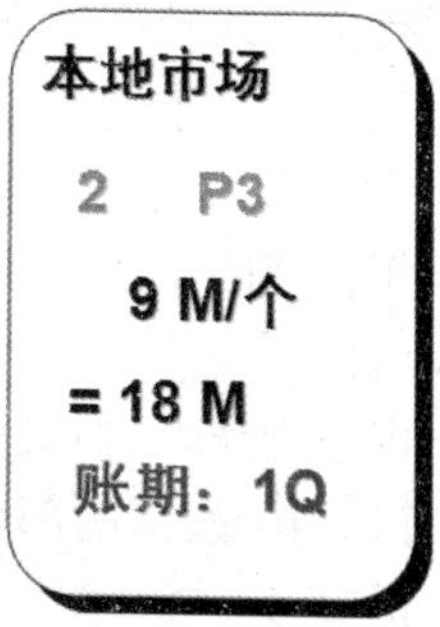

卡片上标有"加急！！！"字样的订单，必须在第一季度交货，延期罚款处置同上所述。因此，营销总监接单时要考虑企业的产能。当然，如果企业乐于合作，不排除委外加工的可能性。

订单上的账期代表客户收购时货款的交付方式。若为 0 账期，则现金付款；若为 3 账期，则代表客户付给企业的是 3 个季度到期的应收账款。

如果订单上标注了 ISO 9000 和 ISO 14000，那么要求生产单位必须取得了相应认证并投放了认证的广告费，两个条件均具备，才能得到这张订单。

本地市场
2　P3
9 M/个
= 18 M
账期：1Q

图 3.1　销售订单

3.1.4 厂房购买、租赁与出售

企业目前拥有自主厂房——大厂房,价值40M。另有小厂房可供选择使用,有关各厂房购买、租赁、出售的相关信息如表3.2所示。

表3.2 厂房购买、租赁、出售

厂房	买价	租金	售价	容量
大厂房	40M	5M/年	40M(4Q)	6条生产线
小厂房	30M	3M/年	30M(4Q)	4条生产线

说明:年底决定厂房是购买还是租赁,出售厂房计入4Q应收款,购买后将购买价放在厂房价值处,厂房不提折旧。

3.1.5 生产线购买、转产与维护、出售

企业目前有三条手工生产线和一条半自动生产线,另外可供选择的生产线还有全自动生产线和柔性生产线。不同类型生产线的主要区别在于生产效率和灵活性。生产效率是指单位时间内生产产品的数量;灵活性是指转产生产新产品时设备调整的难易性。

1. 购买

投资新生产线时按安装周期平均支付投资,全部投资到位的下一个季度领取产品标志,开始生产。

2. 转产

现有生产线转产生产新产品时可能需要一定转产周期并支付一定转产费用,最后一笔支付到期一个季度后方可更换产品标识。

3. 维护

当年在建的生产线和当年出售的生产线不用交维护费。

4. 出售

出售生产线时,如果生产线净值小于残值,将净值转换为现金;如果生产线净值大于残值,将相当于残值的部分转换为现金,将差额部分作为费用处理(综合费用-其他)。

5. 折旧

每年按生产线净值的1/3取整计算折旧。当年建成的生产线不提折旧,当生产线净值小于3M时,每年提1M折旧。

有关生产线购买、转产与维修、出售的相关信息如表3.3所示。

表3.3 生产线购买、转产与维护、出售

生产线	购买价格	安装周期	生产周期	转产周期	转产费用	维护费用	出售残值
手工线	5M	无	3Q	无	无	1M/年	1M
半自动	8M	2Q	2Q	1Q	1M	1M/年	2M
全自动	16M	4Q	1Q	2Q	4M	1M/年	4M
柔性线	24M	4Q	1Q	无	无	1M/年	6M

说明：所有生产线都能生产所有产品，所需支付的加工费相同，1M/产品。

3.1.6 产品生产

产品研发完成后，可以接单生产。生产不同的产品需要的原料不同，各种产品所用到的原料及数量，如P系列产品BOM如图3.2所示。

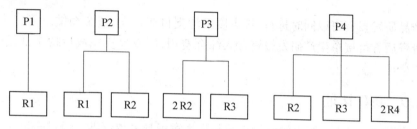

图 3.2 P 系列产品 BOM 结构

每条生产线同时只能有一个产品在线。产品上线时需要支付加工费，不同生产线需要支付的加工费都是1M，空生产线才能上线生产，一条生产线只能生产一个产品，上线生产必须有原料，否则必须"停工待料"。

3.1.7 原材料采购

原材料采购涉及签订采购合同和按合同收料两个环节。签订采购合同时要注意采购提前期。R1、R2原料需要一个季度的采购提前期；R3、R4原料需要两个季度的采购提前期。为区别不同的原材料，每一种原材料用一种不同于其他原材料的颜色表示，如图3.3所示。

图 3.3 原材料的颜色

根据上季度所下采购订单接受相应原料入库，用空桶表示原材料订货，将其放在相应的订单上。货物到达企业时，必须照单全收，并按规定支付原料费。

3.1.8 产品研发

企业目前可以生产并销售P1产品。根据预测，另有技术含量依次递增的P2、P3、P4的三种产品有待开发。不同技术含量的产品，需要投入的研发时间和研发投资是有区别的，如表3.4所示。

表 3.4 产品研发时间和资金

产品	P2	P3	P4
研发时间	6Q	6Q	6Q
研发资金	6M	12M	18M

新产品研发投资可以同时进行,按季度平均支付或延期,资金短缺时可以中断;但必须完成投资后方可接单生产研发投资计入综合费用,研发投资完成后持全部投资换取产品生产资格证。

3.1.9 ISO 认证

随着中国加入 WTO,客户的质量意识和环境意识越来越清晰。经过一定时间的市场孕育,最终会反映在客户订单中。企业要进行 ISO 认证,需要经过一段时间并花费一定费用,认证投资计入当年综合费用,如表 3.5 所示。

表 3.5 ISO 资格认证需投入时间及认证费用

ISO 认证体系	ISO 9000 质量认证	ISO 14000 环境认证	说明
持续时间	2 年	3 年	(1)两项认证可以同时进行,按研发周期平均支付认证费用 (2)在资金短缺的情况下,投资随时可以中断
认证费用	2M	3M	(3)认证完成后可以领取相应的 ISO 资格证

3.1.10 融资贷款与资金贴现

资金是企业的血液,是企业任何活动的支撑。本企业尚未上市,所以其融资渠道只能是银行借款、高利贷和应收账款贴现。几种融资方式、利息及还款方式如表 3.6 所示。

表 3.6 融资方式、利息及还款方式

贷款类型	贷款时间	贷款额度	年息	还款方式
长期贷款	每年年末	上一年所有者权益的 2 倍−已贷长期贷款	10%	年底付息,到期还本
短期贷款	每季度初	上一年所有者权益的 2 倍−已贷短期贷款	5%	到期一次还本付息
贴现	任何时间	视应收款项确定	1:6	变现时贴现
高利贷	任何时间		20%	到期一次还本付息

说明:长期贷款最长期限为 5 年,短期贷款及高利贷期限为 1 年,不足 1 年的按 1 年计息。

长期贷款每年需还利息,短期贷款到期时还本付息,贷款只能是 20 的倍数。

资金贴现在有应收款时随时可以进行,金额是 7 的倍数,不论应收款期限长短,拿出 7M 交 1M 的贴现费。

3.2 内部流程及控制

各个模拟企业要先制订各项计划,比如销售计划、设备投资与改造、生产计划、采购计划、资金计划等,计划制订之后,企业的日常运营将在 CEO 的领导下,按照任务清单所指示的程序及顺序进行,不得提前或滞后相关操作。企业应该对每个季度的要点进行记录,以便于核查、分析。

3.2.1 任务清单

任务清单中包括了各模拟企业进行日常运营时必须执行的工作任务及必须遵守的工作流程。由 CEO 主持,按照任务清单所列工作内容及先后顺序开展工作,每执行完一项操作,CEO 在相应的方格内打钩确认,以示完成;如果涉及现金收支业务,财务总监在相应方格内填写现金收支情况。

3.2.2 订单登记表

用于记录本年取得的客户订单。年初营销总监参加订货会,争取到客户订单,随后进行订单登记,填写订单登记表中的订单号、市场、产品、数量、账期、销售额项目。按订单交货时,登记成本项目,计算毛利项目。年末,如果有未按时交货的,在"未售"栏目中单独标注。

3.2.3 组间交易明细表

组间交易明细表是按照每年组间交易情况进行统计的,每种商品的价格由交易双方协商确定,具体违约条款也由交易双方协商。

3.2.4 产品核算统计表

产品核算统计表是按产品品种对销售情况统计,是对各品种本年销售数据的汇总。本年销售的数据一般是订单登记表中合计数−本年未售+上年未售。

3.2.5 综合管理费用明细表

用于记录企业日常运营过程中发生的各项费用。对于市场准入开拓、ISO 资格认证和产品研发不仅要记录本年投入的总金额,还要在备注栏内说明明细。市场准入开拓、ISO 资格认证在备注栏中相关项目上打钩确认;产品研发在对应项目后的括号中填写实际投入金额。

3.2.6 利润表

年末,要核算企业当年的经营成果,编制利润表。利润表中各项目的计算如表 3.7 所示(如果前几年利润为负数,今年的盈利可用来弥补以前的亏损,可以减除的亏损至多为三年)。

表 3.7 利润表的编制

单位：百万元

项目	行次	数据来源
销售收入	1	产品核算统计表中的销售额合计
直接成本	2	产品核算统计表中的成本合计
毛利	3	第一行数据−第二行数据
综合费用	4	管理+广告+维修+租金+转产+市场准入+ISO+研发+其他
折旧前利润	5	第三行数据−第四行数据
折旧	6	上年设备价值的1/3向下取整
支付利息前利润	7	第五行数据−第六行数据
财务收入/支出	8	借款、高利贷、贴现等支付的利息
额外收入/支出	9	出租厂房的收入，购销原材料的收支
税前利润	10	第七行数据+财务收入+其他收入+财务支出+其他支出
所得税	11	第十行数据除以3取整
净利润	12	第十行数据−第十一行数据

3.2.7 资产负债表

年末，要编制反映企业财务状况的资产负债表。资产负债表中各项目的计算如表3.8所示。

表 3.8 资产负债表的编制

单位：百万元

资产	数据来源	负债+权益	数据来源
现金	盘点现金库中的现金	长期负债	长期负债−一年内到期的长期负债
应收款	盘点应收账款	短期负债	盘点短期借款
在制品	盘点生产线上的在制品	应付款	盘点应付账款
成品	盘点成品库中的成品	应交税	根据利润表中的所得税填列
原料	盘点原材料库中的原料	一年到期的长贷	盘点一年内到期的长期借款
流动资产合计	以上五项之和	负债合计	以上五项之和
固定资产	数据来源	权益	数据来源
土地和建筑	厂房价值之和	股东资本	股东不增资的情况下为50
机器和设备	设备价值	利润留存	上一年的利润留存+上一年利润
在建工程	在建设备价值	年度净利	利润表中的净利润
固定资产合计	以上三项之和	所有者权益合计	以上三项之和
总资产	流动资产+固定资产	负债+权益	负债合计+所有者权益合计

第 4 章

模拟企业的运行流程

新管理层接手企业,需要有一个适应阶段,在这个阶段,需要与原有管理层交接工作,熟悉企业的工作流程。因此,在"ERP 沙盘模拟"课程中,我们设计了起始年。企业选定接班人之后,原有管理层总要"扶上马,送一程"。因此在起始年里,新任管理层仍受制于老领导,企业的决策由老领导定夺,新管理层只能执行。主要目的是团队磨合,进一步熟悉规则,明晰企业的运营过程。

"现金"是企业的血液。在企业各项活动中,会发生现金的流动。为了清晰记录现金的流入与流出,我们在任务清单中设置了现金收支明细登记。CEO 带领大家每执行一项任务时,如果涉及现金收付,财务总监在收付现金的同时,要相应地在方格内登记现金收支情况。一定要注意,在填写任务清单时一定要按照自上而下、自左至右的顺序严格执行。

4.1 年初 4 项工作

4.1.1 新年度规划会议

新的一年开始之际,企业管理团队要制定企业战略,做出经营规划、设备投资规划、营销策划方案等。具体来讲,需要进行销售预算和可承诺量的计算。

常言道:"预则立,不预则废。"预算是企业经营决策和长期投资决策目标的一种数量表现,即通过有关数据将企业全部经济活动的各项目标具体地、系统地反映出来。销售预算是编制预算的关键和起点,主要是对本年度要达到的销售目标进行预测,销售预算的内容是销售数量、单价和销售收入等。

ATP 可承诺量的计算:参加订货会之前,需要计算企业的可接单量。企业可接单量主要取决于现有库存和生产能力,因此产能计算的准确性直接影响销售支付。

4.1.2 参加订货会/登记销售订单

1. 参加订货会

各企业订货会之前,需要计算企业的可接单量。在争取订单时,应以企业的产能、设备投资计划等为依据,避免接单不足使设备闲置,或盲目接单,无法按时交货,引起企业信誉降低。

2. 登记销售订单

客户订单相当于企业签订的订货合同,需要进行登记管理。营销总监领取订单后负责将订单记在"订单登记表"中,记录每张订单的订单号、所属市场、所订产品、产品数量、订单销售额、应收账期;将广告费放置在沙盘上的"广告费"的位置。财务总监记录支出的广告费。

4.1.3 制订新年度计划

在明确今年的销售任务后,需要以销售为龙头,结合企业对未来的预测,编制生产计划、采购计划、设备投资计划并进行相应的资金预算。将企业的供产销活动有机地结合起来,使企业各部门的工作形成一个有机的整体。

4.1.4 支付应付税

依法纳税是每个企业及公民的义务。请财务总监按照上一年度利润表的"所得税"一项的数值取出相应的现金放置于沙盘上的"税金"处并做好现金收支记录。

4.2 每季度19项工作

4.2.1 季初现金盘点(填写余额)

财务总监盘点现金库中的现金,并记录现金余额。

4.2.2 更新短期贷款/还本付息/申请短期贷款

1. 更新短期贷款

如果企业有短期贷款,请财务总监将空桶向现金库方向移动一格。移至现金库时,表示短期贷款到期。

2. 还本付息

短期贷款的还款规则是利随本清。短期贷款到期时,每桶需要支付 $20M \times 5\% = 1M$ 的利息,因此,本金与利息共计21M。财务总监从现金库中取出现金,其中20M还给银行,1M放置于沙盘上"利息"处并做好现金收支记录。

3. 申请短期贷款

短期贷款只有在这一时点上可以申请。可以申请的最高额度为

上一年度所有者权益×2-(已有短期贷款+一年内到期的长期负债)

企业可以随时向银行申请高利贷,高利贷贷款额度根据企业当时情况而定,如果贷了高利贷,可以用倒置的空桶表示,并与短期借款同样管理。

4.2.3 更新应付款/归还应付款

财务总监将应付款向现金方向移动一格。到达现金库时,从现金库中取现金付清应

付款并做好现金收支记录。

4.2.4 原材料入库/更新原料订单

供应商发出的订货已运抵企业时,企业必须无条件接受货物并支付料款。采购总监将原料订单区的空桶向原料库方向推进一格,到达原料库时,向财务总监申请原料款,支付给供应商,换取相应的原料。如果现金支付,财务总监要做好现金收支记录,如果启用应付账款,在沙盘上做相应的标记。

4.2.5 下原料订单

采购总监根据年初制订的采购计划,决定采购的原料品种及数量,每个空桶代表一批原料,将相应数量的空桶放置于对应品种的原料订单处。

4.2.6 更新生产/完工入库

由运营总监将各生产线上的在制品上推进一格。产品下线表示产品完工,将产品放置于相应的产品库。

4.2.7 投资新生产线/变卖生产线/生产线转产

1. 购买

投资新设备时,由运营总监向指导老师领取新生产线标志,翻转放置于某厂房相应位置,其上放置与该生产线安装周期相同的空桶数,投资新生产线时按安装周期平均支付投资,全部投资到位的下一个季度领取产品标志,开始生产,在这一过程中,每个季度向财务总监申请建设资金,财务总监做好现金支出记录。

2. 出售

出售生产线时,如果生产线净值小于残值,将净值转换为现金;如果生产线净值大于残值,将相当于残值的部分转换为现金,将差额部分作为费用处理,在综合费用明细表中其他项中记载。

3. 转产

现有生产线转产生产新产品时可能需要一定转产周期并支付一定转产费用,请运营总监将生产线标志翻转,按季度向财务总监申请并支付转产费用,停工满足转产周期要求并支付全部转产费用后,再次翻转生产线标志,领取新的产品标志,开始新的生产。

4.2.8 向其他企业购买/出售原材料

新产品上线时,原材料库中必须备有足够的材料,否则需要停工待料。这时采购总监可以从其他企业购买。如果按原料的原值购入,购买方视同"原材料入库"处理,出售方采购总监从原材料库中取出原料,向购买方收取同值现金,放入现金库并做好现金收支记录。

如果高于原材料价值购入,购买方将差额计入利润表中的其他支出;出售方将差额计入利润表中的其他收入,财务总监做好现金收支记录。

4.2.9 开始下一批生产

当更新生产/完工入库后,某些生产线的在制品已经完工,可以考虑开始生产新产品。由运营总监按照产品结构从原料库中取出原料,并向财务总监申请产品加工费,将上线产品摆放到第一个生产周期。

4.2.10 更新应收款/应收款收现

财务总监将应收款向现金方向推进一格,到达现金库时即成为现金,在资金出现缺口而不具备银行贷款的情况下,可以考虑应收款贴现。应收款贴现可以随时进行,财务总监按 7 的倍数取应收账款,其中 1/7 作为贴现费用置于沙盘上"贴息"处,6/7 放入现金库,并做好现金收支记录。应收账款贴现时不考虑账期因素。

4.2.11 出售厂房

资金不足时可以出售厂房,厂房按购买价值出售,但得到的是 4 账期的应收款。

4.2.12 向其他企业购买成品/出售成品

如果产能计算有误,有可能本年度不能交付客户订单,这样不仅信誉尽失,且要接受订单总额的 25% 的罚款。这时营销总监可以考虑向其他企业购买产品。如果以成本价购买,买卖双方正常处理。如果高于成本价购买,购买方将差价(支付现金-产品成本)记入直接成本,出售方将差价记入销售成本,财务总监做好现金收支记录。

4.2.13 按订单交货

营销总监检查各成品库中的成品数量是否满足客户订单要求,满足则按照客户订单交付的一定数量的产品给客户,并在订单登记表中登记该批产品的成本。客户按订单收货,并按订单上列明的条件支付货款,若为现金(0 账期)付款,营销总监直接将现金置于现金库,财务总监做好现金收支记录;若为应收账款,营销总监将现金置于应收账款相应账期处。

4.2.14 产品研发投资

按照年初制订的产品研发计划,运营总监向研发总监申请产品研发资金,并置于相应产品生产资格位置。财务总监做好现金收支记录。

4.2.15 支付行政管理费

行政管理费用是企业支付维持运营开发的管理人员工资、必要的差旅费、招待费等。财务总监取出 1M 放在"管理费"处,并做好现金收支记录。

4.2.16 其他现金收支情况登记

除以上引起现金流动的项目外,还有一些没有对应项目的,如应收账款贴现、高利贷支付的费用等,可以直接记录在该项中。

4.2.17 现金收入合计

统计本季度现金收入总额。

4.2.18 现金支出合计

统计本季度现金支出总额。
第四季度的统计数字中包括第四季度本身的和年底发生的。

4.2.19 期末现金对账(请填余额)

1~3季度及年末,财务总监盘点现金余额并做好登记。
以上19项工作每个季度都要执行。

4.3 年末6项工作

4.3.1 支付利息/更新长期贷款/申请长期贷款

1. 支付利息

长期贷款的还款规则是每年付息,到期还本。如果当年未到期,每桶需要支付20M×10%即2M的利息,财务总监从现金库中取出长期借款利息置于沙盘上的"利息"处,并做好现金收支记录。长期贷款到期时,财务总监从现金库中取出现金归还本金及当年利息,并做好现金收支记录。

2. 更新长期贷款

如果企业有长期贷款,请财务总监将空桶向现金库方向移动一格;当移至现金库时,表示长期贷款到期。

3. 申请长期贷款

长期贷款只有在年末可以申请。可以申请的额度为

上年所有者权益×2-已有长期贷款+一年到期的长期贷款

4.3.2 支付设备维护费

为在用的每条生产线支付1M的维护费。财务总监取相应现金置于沙盘上的"维修费"处,并做好现金收支记录。

4.3.3 支付租金/购买厂房

大厂房为自主厂房,如果本年在小厂房中安装了生产线,此时要决定该厂房是购买还是租赁。如果购买,财务总监取出与厂房价值相等的现金置于沙盘上的厂房价值处;如果租赁,财务总监取出与厂房租金相等的现金置于沙盘上的"租金"处,无论购买还是租赁,财务总监应做好现金收支记录。

4.3.4 计提折旧

厂房不提折旧,设备按余额递减法计提折旧,在建工程及当年新建设备不提折旧。

$$折旧额 = 原有设备价值/3 \quad (向下取整)$$

财务总监从设备价值中取折旧费放置于沙盘上的"折旧"处。当设备价值下降至 3M 时,每年折旧 1M。

4.3.5 新市场开拓/ISO 资格认证投资

1. 新市场开拓

财务总监取出现金放置在要开拓的市场区域,并做好现金支出记录。市场开发完成,从指导教师处领取相应市场准入证。

2. ISO 认证投资

财务总监取出现金放置在要认证的区域,并做好现金支出记录。认证完成,从指导教师处领取 ISO 资格证。

4.3.6 结账

一年的经营下来,年终要做一次"盘点",编制利润表和资产负债表。在报表做好后,指导教师将会取走沙盘上企业已支出的各项成本,为下一年做好准备。

第二篇 电子沙盘经营

第二編　身分及親族關係

第 5 章

ERP 电子模拟沙盘经营规则

ERP电子沙盘相关规则侧重于对企业的综合认知,能够结合沙盘企业的特征和管理方式,寻求和发现现代企业经营管理的信息需求,了解并熟悉这些规则,做到合法经营,在竞争中求生存、谋发展。ERP电子沙盘的方法和技巧,也能为下一步更好地学习ERP原理和软件操作奠定牢固的基础。

5.1 市场规则

企业的生存和发展离不开市场这个大环境,谁赢得了市场,谁就赢得了竞争。市场是瞬息万变的,变化增加了竞争的激烈性和复杂性。

5.1.1 市场开发与市场准入

市场是企业进行产品营销的场所,标志着企业的销售潜力。对 P 系列的产品而言,可在本地市场、区域市场、国内市场、亚洲市场、国际市场等五个市场进行销售。

1. 市场开发

在进入某个市场之前,企业一般需要进行市场调研、选址办公、招聘人员、做好公共关系、策划市场活动等一系列工作,而这些工作均需要消耗资源——资金及时间。由于各个市场地理位置区域不同,开发不同市场所需要的时间和资金投入也不同,在市场开发完成之前,企业没有进入该市场销售的权利。开发不同市场所需要的时间和资金投入表5.1所示。

表5.1 开发不同市场所需要的时间和资金投入

市场	开发费用	开发时间	说　　明
本地	10W[①]/年	1 年	(1)各市场开发可同时进行
区域	10W/年	1 年	(2)资金短缺时可随时中断或终止投入
国内	10W/年	2 年	(3)开发费用按开发时间在年末平均支付,不允许加速投资
亚洲	10W/年	3 年	(4)市场开拓完成后,领取相应的市场准入证
国际	10W/年	4 年	

① 本书中 W 代表万元。

注意：

上面提到的五个市场是相互独立的，不存在包含的关系。即如果一家公司只开发了国内市场，并不代表它可以在其他任何一个市场进行销售，如果它还想在亚洲市场进行销售的话，那么它必须开发亚洲市场，取得亚洲市场的准入证。

研发投资所发生的支出计入当期的综合费用。

2. 市场准入

当某个市场开发完成之后，该企业就取得了在该市场上经营的资格（取得了相应的市场准入证），此后就可以在该市场进行广告宣传，争取客户订单了。

5.1.2 参加订货会选取订单

众所周知，客户订单的获得对企业的影响是至关重要的。销售预测和客户订单是企业生产的依据。其中，销售预测从课程网站中得到，是商业情报的一部分内容。

1. 新年度规划会议

每年年初，各企业的高层管理人员将召开新一年度的规划会议，制定本年度的发展战略，并由商业间谍负责收集商业情报，参加客户订货会，投入大量的资金和人力做营销策划、广告宣传等，以使得本企业的产品能够深入人心，争取获得尽可能多的订货信息。

2. 市场地位

市场地位是针对每个市场而言的。企业的市场地位根据上一年度各企业的销售额排列，销售额最高的企业称该市场的"市场领导者"，俗称"市场老大"。

3. 广告投放

广告是分市场、分产品投放的，投入10W有一次选取订单的机会，以后每多投入20W增加一次选单的机会。例如，投入70W表示准备拿四张订单，但是否能有四次拿单的机会则取决于市场需求、竞争态势等；投入11W准备拿一张订单，只是比10W的竞争者优先拿到订单。

4. 客户订单

市场需求用客户订单的形式表示，订单上标注了订单编号、订单价值总额、产品数量、交货期、产品认证资格的要求等要素。如果由于产能不够或其他原因，导致本年不能交货，企业为此应受到以下处罚：

(1) 因不守信用市场地位下降一级。

(2) 违约订单收回。

(3) 交货时扣除该张订单总额的25%（取整）作为违约金。

注意：

(1) 如果上年市场领导者没有按期交货，市场地位下降，则本年该市场没有领导者。

(2) 教师可根据需要调整违约金比例。

(3) 交货期为一季度的订单，必须在第一季度交货，延期罚款处置同上所述。因此，CMO接单时要考虑企业的产能。

(4) 订单上的账期代表客户收货时货款的交付方式。若为0账期，则现金付款；若为

3 账期,代表客户付给企业的是 3 个季度到期的应收款。

(5)如果订单上标注了 ISO 9000 或 ISO 14000,那么要求生产单位必须取得了相应认证,才能得到这张订单。

5. 订单选取

在每年一度的销售会议上,将综合企业的市场地位、广告投入、市场需求及企业间的竞争态势等因素,按规定程序领取订单。客户订单的是按照市场划分的,选单次序如下:

首先,由上一年该市场领导者最先选择订单。其次,按每个市场单一产品广告投入量的多少,依次选择订单;如果单一产品广告投放相同,则比较该市场两者的总投入;如果该市场两者的广告总投入也相同,根据本年度投放广告投放时间先后依次选单。

注意:

(1)无论投入多少广告费,每轮只能选择一张订单,然后等待下一次选单机会。

(2)各个市场需要的产品数量是有限的,并非打广告就一定能得到订单。能分析清楚市场预测,并且"商业间谍"得力,一定占据优势。

5.2 企业经营规则

现实生活中,企业需要遵循分门别类、种类繁多的各项法律、法规。举例来讲,仅财务中的税收一项,就包括增值税、营业税、所得税及其他税,其内容之多,需要写一本《税收会计》才能列全。在 ERP 沙盘模拟课程中,不可能逐项面面俱到,只能采取相对简化的方式抓大放小,做到简单而有效。本着简化的原则,我们将企业运营需要遵守的各项规定分为六个方面阐述。

5.2.1 产房购买、出售与租赁

企业有大厂房、小厂房可供选择使用,有关各厂房购买、租赁、出售的相关信息如表 5.2 所示。

表 5.2 厂房购买、出售与租赁

厂房	买价	租金	售价	容量
大厂房	450W	45W/年	450W	6 条生产线
小厂房	330W	33W/年	330W	4 条生产线

注意:

(1)厂房可随时按购买价值出售,得到的是 4 账期的应收账款。

(2)紧急情况可厂房贴现,厂房贴现等于将厂房应收款直接贴现,同时扣除相应厂房租金后,直接得到剩余的现金。

(3)厂房不提折旧。

5.2.2 生产线购买、转产与维修、出售

可供选择的生产线有手工生产线、半自动生产线、全自动生产线和柔性生产线。不同

类型生产线的主要区别在于生产效率和灵活性,生产效率是指单位时间生产产品的数量;灵活性是指转产生产新产品时设备调整的难易性。生产线不论何时出售,价格为残值,净值与残值之差计入损失;只有空的并且已经建成的生产线方可转产;当年建成生产线需要交维修费。

有关生产线购买、转产与维修、出售的相关信息如表 5.3 所示。

表 5.3 生产线购买、转产与维修、出售

生产线类型	购买价格	安装周期	生产周期	转产周期	转产费用	维修费	残值
手工线	50W	无	2Q	无	0	10W/年	10W
租赁线	0W	无	1Q	1Q	20W	55W/年	−55W
自动线	150W	3Q	1Q	1Q	20W	20W/年	30W
柔性线	200W	4Q	1Q	无	0	20W/年	40W

注意:

(1)所有生产线可以生产所有产品。

(2)投资新生产线时按照安装周期平均支付投资,全部投资到位后的下一周期为生产线的建成时间,可以领取产品标志,开始生产。另外,手工生产线无需安装周期,因此购买当季即可使用。资金短缺时,任何时候都可以中断投资。

(3)生产线转产是指生产线转而生产其他产品,如自动生产线原料生产 P1 产品,如转产 P2 产品,需要改装生产线,因此需要停工一个周期,并支付 20W 改装费用。下一季度能且只能用于生产 P2 产品。

(4)在建工程及当年新建成设备不提折旧,每条生产线单独计提折旧,折旧采用平均年限法,分 4 年折完。完成规定年份的折旧后,剩余的残值可能保留,该生产线也可继续使用,直到该生产线变卖为止。

(5)在建工程及当年已售出的生产线不用支付维修费。

(6)如何区分在建工程及当年新建的设备?举例说明:如全自动生产线安装周期为 3 季,由每年的前三个季度投资完成,则第四季度为建成时间,属于当年新建的设备,本年不提折旧,但需支付维修费用。若本年的第四季度为投资的最后一个季度,则下一年的第一个季度为建成时间,该生产线属于在建工程,本年不计提折旧,也不需要支付维修费用。

(7)当生产线上的在制品完工后,可以变卖生产线。将变卖的生产线按残值放入现金库,将差额部分分置于资金费用的其他项,计入当年综合费用。

5.2.3 折旧(平均年限法)

生产线计提折旧的设置方法如表 5.4 所示。

表5.4　生产线计提折旧的设置方法

生产线	购置费	残值	建成第1年	建成第2年	建成第3年	建成第4年	建成第5年
手工线	50W	10W	0	10W	10W	10W	10W
自动线	150W	30W	0	30W	30W	30W	30W
柔性线	200W	40W	0	40W	40W	40W	40W

当年建成生产线不计提折旧,当净值等于残值时生产线不再计提折旧。

5.2.4　原材料采购

原材料采购分签订采购合同和按合同收料两个环节。签订采购合同时要注意采购提前期。在R1、R2原料需要一个季度的采购提前期;R3、R4原料需要两个季度的采购提前期。货物到达企业时,必须照单全收,并按规定支付原料费。原材料的设置如表5.5所示。

表5.5　原料设置

名称	购买价格	提前期
R1	10W/个	1季
R2	10W/个	1季
R3	10W/个	2季
R4	10W/个	2季

5.2.5　产品生产

产品研发完成后,可以接单生产。生产不同的产品需要材料不同,各种产品所得到的物料清单(Bill Of Material,BOM)是不同的。每条生产线同时只能有一个产品在线,产品在线时需要支付加工费。不同生产线的生产效率不同,但不同的产品需要支付的加工费用是相同的,均为10W。产品所用到的原料及数量如图5.1所示。

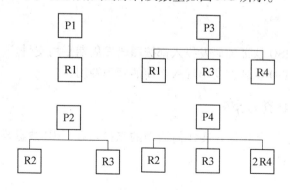

图5.1　产品所用到的原料及数量

5.2.6 产品研发

P1、P2、P3、P4 四种产品的技术含量依次递增,需要投入的研发时间和研发投资是有区别的,如表 5.6 所示。

表 5.6 产品研发需要投入的时间及研发费用

产品	P1	P2	P3	P4	说明
研发时间	2Q	3Q	4Q	5Q	(1)各产品可同步研发,按研发周期平均支付研发投资,资金不足时可随时中断或终止,全部投资完成,下一周期方可开始生产
研发投资	20W	30W	40W	50W	(2)某产品研发投入完成后,可领取产品生产资格者

5.2.7 国际认证体系 ISO 认证

随着客户的质量意识及环境意识越来越强,经过一定时间的市场孕育,客户对质量和环境的要求最终会反映在客户对企业产品的订单中,即要求产品通过 ISO 认证。企业要求进行 ISO 认证,需要经过一段时间花费一定费用,如表 5.7 所示。

表 5.7 ISO 资格认证需投入时间及认证费用

ISO 认证体系	ISO 9000 质量认证	ISO 14000 环境认证	说明
持续时间	2 年	2 年	(1)两项认证可以同时进行,按研发周期平均支付认证费用
认证费用	10W/年	20W/年	(2)不允许加速投入资金,在资金短缺的情况下,投资随时可以中断 (3)认证完成后可以领取相应的 ISO 资格证

注意:
(1)产品研发和 ISO 认证的研发投入都按照研发周期平均支付。
(2)研发产品和 ISO 认证的支出计入当期的管理费用。

5.2.8 企业筹资方案

资金是企业的血液,是企业开展任何活动的支撑。在 ERP 沙盘模拟课程中,企业融资渠道主要有以下几种。

1. 长期贷款

长期贷款的额度取决于本公司上年年末所有者权益的多少。产期贷款的期限为 5 年,年利率为 10%,每年初付息,到期还本并且支付最后一年的利息。

2. 短期贷款

短期贷款的额度也取决于本公司上年年末所有者权益的多少。每个公司每年有 4 次申请短期贷款的机会。短期贷款的期限为 1 年,年利率为 5%,到期还本付息。

注意:

(1)贷款额度=上一年所有者权益×3-已申请的长期贷款与短期贷款之和。

(2)长期贷款以 10M 为基本贷款单位,短期贷款则以 20M 为基本贷款单位。

(3)长期贷款到期时,每年年初由系统自动扣除;短期贷款到期时,将于当季开始由系统自动扣除。

3. 贴现

所谓贴现,在这里是指将尚未到期的应收账款提前兑换为现金。在资金出现缺口且不具备银行贷款的情况下,可以考虑应收账款贴现。应收账款贴现随时可以进行,不同账期的应收账款采用不同的贴现率,1,2 期应收账款按 1∶9(10W 应收款交 1W 贴现费)的比例贴息,3,4 期应收账款按 1∶7(8W 应收款交 1W 贴现费,小于 8W 的贴现也收取 1W 贴现费)的比例贴息。只要有足够的应收账款,就可能随时贴现(包括次年支付广告费时,也可使用应收账款贴现)。

注意:

贴现费用向下取整,所支付的贴现计入财务费用。

4. 融资租赁

企业拥有的厂房可以出售。出售后的厂房仍可以使用,但需要支付租金。从财务角度看,这相当于获得一笔贷款,租金相当于利息。厂房按购买价值出售,得到的是 4 账期应收账款。

但在急用的情况下,且操作步骤还没有进行到变卖厂房的操作时可以利用厂房贴现的方式直接将厂房的价值按照 4Q 应收账款贴现(按 1∶7 的比例)。

例如,紧急出售有生产线的大厂房,将实际转入 349W 现金,其中 45W 转入厂房租金;如果紧急出售的大厂房中无生产线,则将转入现金 394W。

5. 库存拍卖

当企业现金断流时,可以采用处理原材料和产品的方式融资。产品可以按照成本价出售;原材料按照 8 折的售价售出,即 10W 原材料回收 8W,如果出售原材料不足 10W 时,则扣除 1W。库存折价拍卖计入损失。

下面将几种融资方式的对比情况列于表 5.8 中。

表5.8 企业可能的各种融资手段及财务费用

贷款类型	贷款时间	贷款额度	年息	还款方式
长期贷款	每年年初	所有长、短期贷款之和不超过上年权益的3倍	10%	年初付息,到期还本,贷款额不少于10W
短期贷款	每季度初		5%	到期一次还本付息,贷款额不少于10W
资金贴现	任何时间	视应收账款额而定	1/8(3季,4季) 1/10(1季,2季)	变现时贴息,1,2期可以联合贴现(3,4期同理)
库存拍卖	任何时间	原材料8折(向下取数),成品原价		
厂房出售	可将拥有的厂房出售,获得相应的应收账款;也可以将厂房贴现,得到现金			

5.2.9 紧急采购

付款即到货,原材料价格为直接成本的2倍,成品价格为直接成本的3倍。

5.2.10 选单规则

上年销售额最高(无违约)优先;其次看本市场本产品广告额;再看本市场广告总额及市场销售排名;如仍无法决定,先投广告先选单。实际选单从第2年起市场预测表中第1年需求量及价格数据仅仅起占位作用,实际有效数据从第2年开始。

5.2.11 破产标准

(1)资不抵债。如果企业所取得的收入不足以弥补其支出,导致所有者权益为负,企业破产。

(2)现金断流。如果企业的负债到期,无力偿还,债权人会来敲你的门,企业就会破产。

5.2.12 按订单交货

按订单交货可以提前,但不可以推后,违约收回订单并扣违约金。

5.2.13 取整规则

违约金扣除——向下取整;库存拍卖所得现金——向下取整;贴现费用——向上取整;扣税——向下取整。

5.2.14 非常损失规则

库存折价拍卖,生产线变卖,紧急采购,订单违约等产生的非常损失记入其他损失。

第6章 ERP电子沙盘(商战实践平台)软件安装与启动

ERP电子沙盘的实训是在"商战实践平台"的系统中操作的,必须在计算机中安装用友ERP电子沙盘软件,启动软件,然后再进行实训内容的操作。

6.1 ERP电子沙盘软件安装

ERP电子沙盘软件安装操作步骤如下:

(1)以系统管理员administrator身份注册进入系统,将ERP电子沙盘软件光盘放入服务器的光驱中,打开光盘目录,双击setup.exe应用程序文件,运行安装文件。将出现安装界面,如图6.1所示。

图6.1 安装向导界面

(2)根据提示单击[下一步]按钮进行操作(默认安装目录为:C:\Program Files\商战,且必须装在该目录下),如图6.2所示。

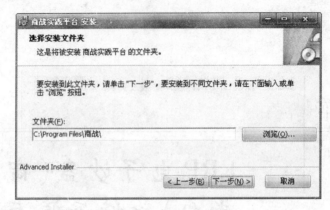

图 6.2　安装向导界面

（3）根据提示单击[下一步]按钮进行操作，准备安装，如图 6.3 所示。

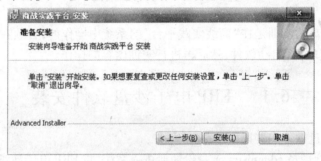

图 6.3　安装向导界面

（4）根据提示单击[安装]按钮，即可进行安装。安装需要几分钟，请耐心等待，如图 6.4 所示。

图 6.4　安装向导界面

（5）安装完成后，单击[完成]按钮。

（6）插上加密狗，如果不能自动安装加密狗驱动，请进入设备管理器手动安装驱动，驱动程序目录在 C:\Program Files\商战\Driver\Obj 中。

（7）证书文件（Enterprise.cert）在安装目录下，即 C:\Program Files\商战下，如图 6.5

所示。

图 6.5 证书文件安放位置

提示:证书上带有授权使用的学校或机构名称,运行软件时会显示。如果显示名称与使用学校或机构不相符请联系该软件出售机构。

(8) 服务启动。单击桌面上商战控制台,如果系统已经运行 IIS,则需要更改端口号,再在控制台上点击系统启动。

若不能启动,可能是防火墙或杀毒软件防护级别过高。

(9) 登录说明。

前台(即学生端):http://服务器 IP(用户名:u01,u02,u03,…,密码 1)。

后台(即教师端):http://服务器 IP/Manage(系统管理员:admin,密码:1)。

6.2 教师端运行后台

6.2.1 超级用户登录

打开 IE,键入 http://服务器 IP/Manage ,输入默认系统管理员账号及密码(超级用户是系统自带的一个不可更改的管理员,用户名:admin,密码:1)。系统管理员 admin 登录界面如图 6.6 所示。

图 6.6 系统管理员登录

用户 admin 点击会员登录,进入操作权限界面,如图 6.7 所示。超级用户的操作权限包括:

(1) 系统初始化——确定分组方案。
(2) 运行参数设置——修订系统运行参数。
(3) 添加管理员——通过"管理员列表"添加负责运行操作的管理员;超级用户不能参与运行管理,运行管理必须由运行管理员操作。
(4) 备份还原数据。

图 6.7 超级用户操作界面

6.2.2 系统初始化

1. 设置系统参数

设置系统参数,如图 6.8 所示。可以根据实训的需要,修改经营参数,也可以接受默认值。双击"系统参数",修改相应的参数,并确认。

参数	值	单位	参数	值	单位
违约金比例	20	%	贷款额倍数	3	倍
产品折价率	100	%	原料折价率	80	%
长贷利率	10	%	短贷利率	5	%
1,2期贴现率	10	%	3,4期贴现率	12.5	%
初始现金	600	W	管理费	10	W
信息费	1	W	所得税率	25	%
最大长贷年限	5	年	最小得单广告额	10	W
原料紧急采购倍数	2	倍	产品紧急采购倍数	3	倍
选单时间	40	秒	首位选单补时	25	秒
市场同开数量	2		市场老大	有 ○ 无 ●	
竞拍时间	90	秒	竞拍同拍数	3	

图 6.8 系统参数

注意:
(1)本教程引用规则及参数均为系统默认。
(2)经营初始状态只有现金,即各企业的创业资金。
(3)经营过程中不可以修改系统参数。
(4)进行以上工作时学生端不可进入系统。

2. 确定分组方案

管理员可根据分组情况选择,双击"数据初始化",选择分组方案,并为各队命队为 u01,u02,u03,…,初始状态设为"未登记",经营时间设为第 1 年第 1 季;设置分组方案如图 6.9 所示。

图 6.9　分组方案

3. 添加运行管理员(裁判)

必须添加至少一个运行管理员,以执行训练中后台管理工作。

在管理员列表中,可以修改管理员密码,添加与删除运行管理员,运行管理员负责查看企业资源状态、发布公共信息、订单管理等日常事务。

(1)双击"管理员列表",添加新管理员,输入用户名、密码。添加新管理员界面如图 6.10 所示。

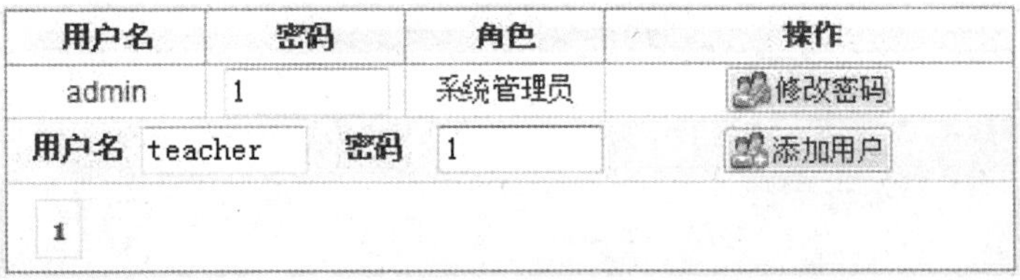

图 6.10　添加新管理员

(2)点击确定按钮,新增用户如图 6.11 所示。

图 6.11　新增用户

(3)打开新 IE 窗口,以运行管理员身份登录系统。

运行管理员是可以进入后台进行系统运行控制的用户(教师),由 admin 添加。管理员具有以下权限：

①运行参数设置——修订系统用户资源查询及基本信息与经营状态修改。

②排行榜。

③组间交易。

④订单管理。

⑤竞单管理。

⑥公共信息。

⑦查询订单详细。

第 7 章

ERP 电子沙盘与实物沙盘结合经营

ERP 实物沙盘直观、形象地展示企业的内部资源和外部资源。但大量管理数据需要学生手工计算,期末汇总统计量很大,不可能由教师单独完成,电子沙盘弥补了这种缺陷,将经营的各个环节拆解为无数个任务,按期(月、季度或年度)循环,所有决策和数据由数据库实时汇总,并在每个期末产生财务报表、市场份额统计,便于教师对各组经营结果进行分析、评价,电子沙盘与实物沙盘结合经营增加了对抗的激烈性和趣味性。

7.1 运行方式及监督

采用电子模拟运行系统(以下简称"系统")与实物沙盘和手工记录相结合的方式运作企业,即所有的决策及计划执行在实物沙盘上进行,并进行手工台账记录,最后的运行确认在"系统"中确定,最终结果以"系统"为准。

(1)电子沙盘流程控制严格,不允许任意改变运营流程表顺序,特别是对经营难度有影响的顺序,如必须先还旧债再借新债。

(2)某些工作在实物沙盘上需要手工完成,电子沙盘中由系统自动完成,如产品的下线、更新贷款、扣管理费。

(3)某些信息在电子沙盘中被隐蔽,需要经营者更好地记录,如应收、贷款信息。

(4)系统对各任务操作次数有严格规定,某些可以多次操作,某些只能一季度操作一次。

(5)运行中的销售竞单在电子模拟运行系统中进行,各队在本队运行地参加市场订货会,在本地计算机上完成选单。

(6)交易活动,包括贷款、原材料入库、交货、应收账款贴现及回收,均在赛场交易台进行,并同时在系统中进行记录。

【例1】 贷款时,在系统中进行记录确认,然后再到交易台取回相应数量的现金。

【例2】 原材料采购,下订单时直接在系统中进行记录确认,不需要到交易台进行登记;原材料到货时,拿相应数量的现金到交易台换回相应的原材料,并在系统中进行记录确认。

【例3】 交货时,填写好应收账款账条后,携带产品到交易台进行交货,另外需要在"系统"中进行记录确认。

【例4】 应收账款回收时,拿着应收账款条到交易台换回相应金额的现金,并在"系统"中进行登记确认。

7.2 课堂教学组织与管理

本部分课程采用"商战实践平台"企业模拟经营软件来组织与管理。该软件首创基于流程的互动经营模式,与物理 ERP 沙盘完美结合,实现了选单、经营过程、报表生成、赛后分析的全自动,将教师彻底从选单、报表录入、监控中解放出来,而将重点放于企业经营的本质分析。其主要特点为:

(1)实时监控、记录经营全过程,从繁琐的选单、报表录入、监控中解放出来。

(2)实时网上互动选单。

(3)自带 IM(Instant Message),便于裁判与队员沟通。

(4)可拓展性,根据需要修改企业经营参数。

(5)对数据提交的强验证。

(6)经营流程及权限的控制——流程有一定灵活性,但对现金流关键点做了控制,且不可"悔棋"。

7.2.1 经营前准备

1. 学生

(1)角色到位——总经理、财务总监、生产总监、营销总监、采购总监。

(2)每队一张盘面——代表一家虚拟企业;每队联网电脑一台——输入经营决策。

(3)经营流程表、会计报表、预算表、产品核算统计表等若干。

2. 管理员(教师)

银行、客户、原材料供应商等辅助角色到位。

服务器安装、网络连接,服务器启动遵循下列步骤:

(1)插入加密锁(USB)。

(2)双击桌面上的"Console",然后点击控制台"系统启动",当桌面右下角出现"商"标志时,服务启动成功。

(3)可点击控制台上"系统配置"更改访问端口及自动备份时间。

7.2.2 企业登录注册

(1)各队系统操作人员登录前台。在 IE 地址栏中键入:http://服务器IP,以管理员为其分配的队名(u01,u02,u03,…)和初始密码(均为"1")登录系统;用户登录界面如图7.1所示。

图 7.1　系统登录界面

(2) 用户登记。首次进入系统需要修改密码,保护公司的账号不被他人盗用,填写公司名称、宣言及各角色姓名,登录时注意要保持服务器连接的畅通,用户注册界面如图 7.2 所示。

提示:每一项均必填。

图 7.2　用户注册界面

(3) 主界面。用户注册完成,点击[确定注册],进入主界面,如图 7.3 所示。

整个主界面如图 7.3 所示,左侧为用户信息、财务信息、研发认证信息、库存采购信息、信息栏。右上角为开发区信息,反映厂房以及生产情况,右下角为操作区,当前可以使用的功能为高亮显示,点击按钮即可进行业务处理,完毕后推进到下一部。

①每季经营开始及结束需要确认。当季开始、当季(年)结束(第四季显示为当年结束)。

②请注意操作权限,亮色按钮为可操作权限。

③如破产则无法继续经营,自动退出系统,可联系裁判。

④现金不够请紧急融资(出售库存、贴现、厂房贴现)。

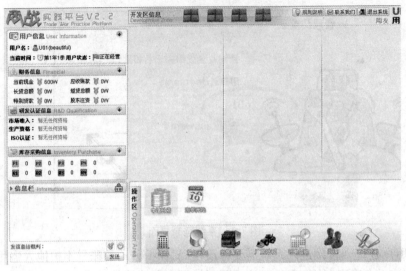

图 7.3　系统主界面

⑤更新原料库和更新应收款为每季必走流程,且这两步操作后,前面的操作权限将关闭,后面的操作权限打开。

⑥对经营难度无影响的话,操作顺序并无严格要求,建议按流程走。

7.3　企业经营

企业经营是持续性的活动,是为了实现企业的目标,企业的经济活动与企业的外部环境保持动态均衡的一系列有组织的活动。

7.3.1　广告投放

各队在对市场预测研究的基础上,按市场、产品组合投入广告,并确认(红色表示该市场未开发完成);广告投放界面如图 7.4 所示。双击参加订货会,进入等待订货会页面。

提示:

图 7.4　投放广告

(1) 若一个市场都未开发,也需要确认投放(系统认为投放金额为0)。
(2) 竞单从第2年开始,第1年是基本建设年。
(3) 市场预测表中第1年需求量及价格数据仅仅起占位作用,实际有效预测数据从第2年开始。

7.3.2 开始订货会

管理员等待所有队伍均投放完广告,可开始订货会。双击后台订单管理,出现如下界面。选单管理界面如图7.5所示。

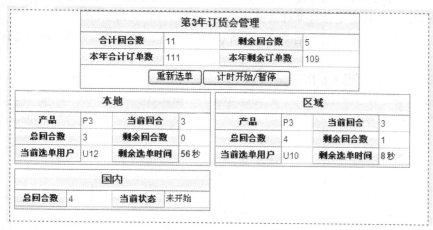

图7.5 选单管理

若有队伍未投放广告,无法开始订货会。如果u01,u02投放广告完毕,u03,u04未投放广告,会提示等待订货会开始。

若管理员想强行开始订货会,需将未投放广告队伍取消参与资格。单击用户列表,单击用户名,将其状态由"正在经营"改成"破产"。

7.3.3 各队竞单

管理员开单后,各队可以在本地客户端选单(规则参照前面所述)。"商战"系统有两种市场方式可以获得订单,即选单与竞单。

1. 选单管理

上述投放广告针对的是选单。

(1) 系统自动依据以下规则确定选单顺序:上年市场销售第一名(且无违约)为市场领导者优先选单,若有多队销售并列第一,则市场领导者由系统随机决定,可能为其中某队,也可能无领导者(本条适用于规则中市场领导者设置为"有");之后以本市场本产品广告额投放大小顺序依次选单;如果两队本市场本产品广告额相同,则看本市场广告投放总额;如果本市场广告总额也相同,则看上年本市场销售排名;如仍无法决定,先投广告者先选单。第一年无订单。

(2) 每回合选单可能有若干轮,每轮选单中,各队按照排定的顺序,依次选单,但只能选一张订单。当所有队都选完一轮后,若还有订单,开始进行第二轮选单,各队行使第二次选单机会,以此类推,直到所有订单被选完或所有队退出选单为止,本回合结束。

(3)当轮到某一公司选单时,"系统"以倒计时的形式,给出本次选单的剩余时间,每次选单的时间上限为系统设置的选单时间,即在规定的时间内必须做出选择(选定或放弃),否则系统自动视为放弃选择订单。无论是主动放弃还是超时系统放弃,都将视为放弃本回合的选单。

(4)放弃某回合中一次机会,视同放弃本回合所有机会,但不影响以后回合选单,且仍可观看其他队选单。

(5)选单权限系统自动传递。

(6)系统自动判定是否有 ISO 资格。

(7)选单时可以根据订单各要素(总价、单价、数量、交货期、账期等)进行排序,辅助选单。

选择订单界面如图 7.6 所示。

ID	用户	产品广告	市场广告	销售	违约	次数	ID	编号	总价	单价	数量	交货期	账期	ISO	操作
1	U19	100	300	0	无	5次	1	19-2-1101	100	50.00	2	3	1	-	-
2	U23	39	71	0	无	2次	2	19-2-1102	140	46.67	3	2	2	-	-
3	U05	30	60	0	无	2次	3	19-2-1103	100	50.00	2	1	3	-	-
4	U08	30	30	0	无	2次	4	19-2-1104	150	50.00	3	4	3	-	-
5	U07	20	84	0	无	1次	5	19-2-1105	200	50.00	4	4	3	-	-
6	U13	15	60	0	无	1次	6	19-2-1106	190	47.50	4	4	1	-	-
7	U16	11	44	0	无	1次	7	19-2-1107	290	48.33	6	4	2	-	-
8	U22	11	44	0	无	1次	8	19-2-1108	150	50.00	3	3	4	-	-
9	U12	10	65	0	无	1次	9	19-2-1109	290	48.33	6	4	2	-	-
10	U03	10	40	0	无	1次	10	19-2-1110	200	50.00	4	4	3	-	-
11	U24	10	40	0	无	1次	11	19-2-1111	50	50.00	1	4	0	-	-
12	U01	10	10	0	无	1次	12	19-2-1112	190	47.50	4	4	2	-	-
13	U17	10	10	0	无	1次	13	19-2-1113	340	48.57	7	4	4	-	-
							14	19-2-1114	250	50.00	5	3	1	-	-
							15	19-2-1115	110	55.00	2	4	2	-	-
							16	19-2-1116	150	50.00	3	4	3	-	-

图 7.6 选择订单

2. 竞单管理

竞单管理如图 7.7 所示。

(1)某些年份选单结束后有竞单。

(2)可以重竞,可以暂停倒计时。

(3)每轮竞单订单数可以参数设置。

(4)竞单时间可以参数设置。

(5)倒计时大于 5 s 时要确认。

图 7.7 竞单管理

7.3.4 组间交易

各队之间协商一致后,可以到管理员处进行组间交易,管理员双击组单交易按钮,选择出货方(卖方)、入货方(买方)、交易产品、数量及总价,确认即完成组间交易。组间交易界面如图 7.8 所示。

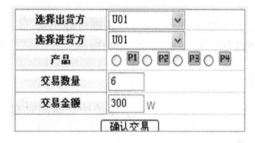

图 7.8 组间交易

注意:
(1)出货方(卖方)账务处理视同销售,入货方视同紧急采购。
(2)只允许现金交易,并且只能交易产成品(P1,P2,P3,P4)。
(3)管理员需要判断双方系统时间是否符合逻辑,是否存在合谋。
(4)交易双方必须在同一年份。

7.3.5 各企业年内经营

可参照前章所述流程并参照流程表完成四个季度经营,不过有几点需要特别提示。
(1)每一步需要付现金的操作系统均为先判断库存现金是否足够支付,若不够系统则不允许操作,并给出提示。
(2)广告投放完毕、当季开始、当季(年)结束、更新原料库四处,系统自动检测已有现金加上最大贴现及出售所有库存及厂房贴现是否足够支付,如果不够,则破产退出系统,需联系裁判。

(3）当年结束,若权益为负,则破产退出系统,需联系裁判。
(4）请注意更新原料库及更新应收款两个操作,是其他操作之开关。
(5）对操作顺序并无严格要求。
(6）可通过 IM 与裁判联系。

7.3.6 还原处理

各队在经营过程中会出现误操作或者其他原因,需要取消当前操作,管理员可以根据实际情况将用户数据还原,点击用户列表—用户名—还原本年,可将用户数据还原至订货会结束时状态。还原界面如图 7.9 所示。

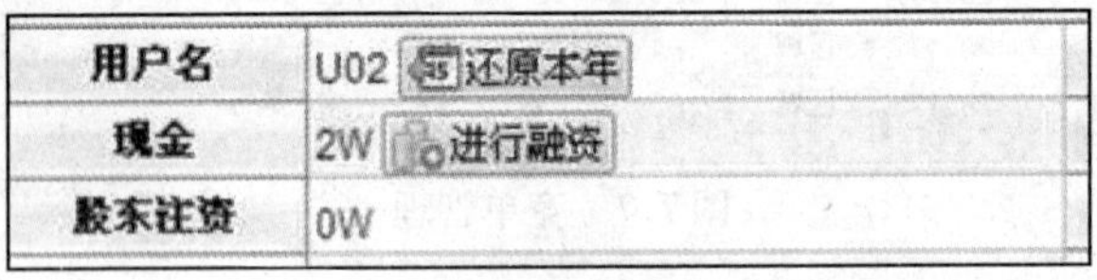

用户名	U02　还原本年
现金	2W　进行融资
股东注资	0W

图 7.9 还原界面

注意：
(1）还原点设置时间为订货会结束那一刻。
(2）本年订货会结束至下一年订货会开始之间任一时刻可以还原某队数据至本年订货会结束。
(3）进行订货会时千万不要进行还原操作,否则可能出错。
(4）管理员可对还原队伍进行一定惩罚(如扣现金)。

7.3.7 数据备份

可在任意时刻将当前比赛数据进行备份。系统中只能同时有一套比赛数据。

7.3.8 管理员职责

当在规定时间内完成当年经营(系统中完成"当年结束"),要求各队将当年报表交至管理员处核对。管理员可点击左上角该队名称,随时查看其报表与资源状况。当所有企业均完成经营,可通过 IM 公布上一年市场老大状况及综合报表情况(可通过公共信息查询)。各队在研判上一年市场情况及竞争态势后,需在规定时间内投放下一年广告,开始新一年经营。

7.3.9 赛后评分

完成预先规定的经营年限,将根据各队的最后权益、生产能力、资源状态等进行综合评分,分数高者为优胜。总分计算公式为

$$总分 = 最终权益 \times (1 + A/100) - 罚分$$

综合得分 A 为表 7.1 所示各项得分分数之和。

表7.1 综合得分

项目	得分
手工生产线	+5/条
半自动生产线	+7/条
全自动/柔性线	+10/条
区域市场开发	10
国内市场开发	10
亚洲市场开发	10
国际市场开发	10
ISO 9000	10
ISO 14000	10
P1 产品开发	10
P2 产品开发	10
P3 产品开发	10
P4 产品开发	10

{最终权益×(1+A/100)}可在系统中排行榜查询。

罚分可以由管理员自行定夺。主要因素有：

(1) 报表准确性。

(2) 关账是否及时。

(3) 广告投放是否及时。

(4) 盘面与系统数据是否一致。

(5) 是否有影响比赛的不良行为。

7.4 企业运营流程

企业运营流程需按照经营记录所列任务清单流程严格执行。总经理按照任务清单中指示的顺序发布执行指令。每项任务完成后，总经理需在任务后对应的方格中打钩，并由财务总监在任务后对应的方格内填写现金收支情况；生产总监在任务后对应的方格内填写在产品的上线、下线、结存情况及产品的研发投入情况；采购总监在任务后对应的方格内填写原材料的入库、出库及结存情况；销售总监在任务后对应的方格内填写产成品的入库、出库及结存情况。

每步操作完成后，各队必须将该工作在"系统"中同步记录，即双击对应的任务图标，按照任务执行提示输入相应的数字，然后确定。经系统确认后的操作，便不能退回重做，沙盘上的运行结果必须与"系统"的结果一致，否则，以系统结果为准。

任务清单（见第10章）代表了企业简化的工作流程，是企业竞争模拟中各项工作需要遵守的执行顺序。分为年初7项工作、每季17项工作及年末5项工作，另有7项特殊工作可以随时进行。

7.4.1 年初7项工作

1. 新年度规划会议

新的一年开始之际,企业管理团队要制定(调整)企业战略,做出经营计划、设备投资规划、营销策划方案等。具体来讲,需要进行销售预算和可承诺量的计算。

预算是企业经营决策和长期投资决策目标的一种数量表现,即通过有关的数据将企业全部经济活动的各项目标具体地、系统地反映出来。销售预算是编制预算的关键和起点,主要是对本年度要达成的销售目标的预测,销售预算的内容是销售数量、价格和销售收入等。

可承诺量的计算:参加订货会之前,需要计算企业的可接单量。企业可接单量主要取决于现库存和生产能力,因此产能计算的准确性直接影响销售交付。

2. 投放广告

[电子沙盘操作]:双击系统中广告按钮,显示如图7.10所示。

产品/市场	本地	区域	国内	亚洲	国际
P1	0 W	0 W	0 W	0 W	0 W
P2	0 W	0 W	0 W	0 W	0 W
P3	0 W	0 W	0 W	0 W	0 W
P4	0 W	0 W	0 W	0 W	0 W

确认支付

*市场名称为红色表明此市场未开拓完成,不允许在此市场投放广告。

图7.10 投放广告

投放广告的前提是市场必须已经开发,没有获得任何市场准入证时不能投放广告(系统认为其投放金额只能为0);在投放广告窗口中,市场名称为红色表示尚未开发完成,不可投广告。

不需要对ISO单独投广告;产品资格未开发完成可以投放广告;完成所有市场产品投放后,选择"确认投放"退出,退出后不能返回更改。

广告投放,根据产品及市场分别投放广告,我们将一个市场与产品的组合称为回合。如图7.10,分别是:(本地,P1),(本地,P2),(本地,P3),(本地,P4),(区域,P1),(区域,P2),…,(国际,P3),(国际,P4)。

在一个回合中,每投放10W(为参数,称为最小的单广告额,可修改)广告费将获得一次选单机会,此后每增加20W(最小的单广告额的2倍),可增加一次选单机会。例如,投入70W表示最多有4次机会,但是能否有4次拿单机会取决于市场需求及竞争态势。如果投小于10W广告则无选单机会,但仍扣广告费,对计算市场广告额有效,广告投放可以是非10的倍数,如11W,12W,且投12W比投11W或10W优先选单。

确认支付后,长贷本息及税金同时被自动扣除(其中长贷利息是所有长贷加总乘以利率再四舍五入)。

[物理沙盘操作]:在系统中填入广告费的同时,并在盘面现金库中取出相应现金放置于盘面"广告费"处,请财务总监登记现金支出。

3. 参加订货会选订单/登记订单

[电子沙盘操作]:"商战"系统有两种市场方式可以获得订单,即选单与竞单。

(1)选单。投放广告针对的是选单。

系统自动依据以下规则确认广告投放完毕,双击参加订货会,系统出现"等待订货会开始"字样,同时可以查询市场中其他企业本年度广告投放情况。

当所有队伍广告均投放完毕,裁判将开始订货会。

选单过程分为若干个回合,依次为(本地,P1),(本地,P2),(本地,P3),(本地,P4),(区域,P1),(区域,P2),…,(国际,P3),(国际,P4)最多20回合,每回合选单可能有若干轮,每轮选单中,各队按照排定的顺序,依次选单,但只能选一张订单。当所有队都选完一轮后,若还有订单,开始进行第二轮选单,以此类推,直到所有订单被选完或所有队退出选单为止,本回合结束。选单界面如图7.11所示。

ID	用户	产品广告	市场广告	销售	违约	次数	ID	编号	总价	单价	数量	交货期	账期	ISO	操作
1	U19	100	300	0	无	5次	1	19-2-1101	100	50.00	2	3	1	-	-
2	U23	39	71	0	无	2次	2	19-2-1102	140	46.67	3	2	2	-	-
3	U05	30	60	0	无	2次	3	19-2-1103	100	50.00	2	1	3	-	-
4	U08	30	30	0	无	2次	4	19-2-1104	150	50.00	4	3	3	-	-
5	U07	20	84	0	无	1次	5	19-2-1105	200	50.00	4	3	2	-	-
6	U13	15	60	0	无	1次	6	19-2-1106	190	47.50	4	4	1	-	-
7	U16	11	44	0	无	1次	7	19-2-1107	290	48.33	6	4	2	-	-
8	U22	11	44	0	无	1次	8	19-2-1108	150	50.00	3	2	4	-	-
9	U12	10	65	0	无	1次	9	19-2-1109	290	48.33	6	4	3	-	-
10	U03	10	40	0	无	1次	10	19-2-1110	200	50.00	4	2	3	-	-
11	U24	10	40	0	无	1次	11	19-2-1111	50	50.00	1	4	0	-	-
12	U01	10	10	0	无	1次	12	19-2-1112	190	47.50	4	1	2	-	-
13	U17	10	10	0	无	1次	13	19-2-1113	340	48.57	7	4	3	-	-
							14	19-2-1114	250	50.00	5	4	3	-	-
							15	19-2-1115	110	55.00	2	2	3	-	-
							16	19-2-1116	150	50.00	3	3	3	-	-

图7.11 选择订单

当轮到某一企业选单时,"系统"以倒计时的形式,给出本次选单的剩余时间。在倒计时内必须选单,否则系统视为放弃本回合。

提示:当屏幕显示的倒计时时间小于等于5 s时,有可能造成选单无效。

单击欲选订单,确认后选中。若无合适订单,可以放弃本回合选单。无论是主动放弃还是被动放弃本回合选单,都不影响以后回合选单。

系统将按照以下规则自动排定选单顺序,只有拥有选单权限的企业才可以选择订单。

①上年本市场销售排名第一的企业,如在该市场没有违约记录,则在本年该市场投入广告的产品中,优先选单(注:若有几队并列销售第一,则由系统随机决定市场老大,也可能无市场老大)。

②按照各企业在本市场某一产品上投放的广告费的多少,排定选单顺序。

③如果在一个产品上投入的广告费用相同,按照投入本市场的广告费总和(即P1,P2,P3和P4的广告费之和),排定选单顺序。

④如果本市场的广告总额也一样,按照上年本企业在该市场上实现的销售额排名,排定选单顺序。

⑤如果上年实现的销售额也相同,则先投广告者先选。

订单有以下五个要素:

数量——要求各企业一次性按照规定数量交货,不得多交,不得少交,也不得拆分交货。

总价——交货后企业将获得一定的应收账款或现金。

交货期——交货的最后期限,可以在该交货时限之前进行交货,但不得延后。如订单规定3Q交货,则表示在当年的第1季、第2季或者第3季交货均可。

账期——在交货后过若干季度收到现金。如账期为2Q,实际在第3季度完成交货,则将在下一年第1季度更新应收款时收到现金。

提示:收现时间从实际交货季度算起,而非订单上规定的交货期。

ISO要求——分别有ISO 9000及ISO 14000两种认证,企业必须有具备相应认证方可获得有认证要求的订单,系统将自动判定企业是否拥有该认证。

注意:无须对ISO单独投放广告。

各企业应根据相应产能、设备投资计划选取订单,避免接单不足导致设备闲置或盲目接单,无法按时交货。

可在系统中双击"订单信息"查询。

(2)竞单。竞单也称为竞拍或者招标。竞单一般在选单后,裁判会事先公布哪几年有订单。

参与竞拍的订单(和选单结构完全一样)标明了订单编号、市场、产品、数量、ISO要求等,而总价、交货期、账期三项为空。此三项要求各个队伍根据情况自行填写。系统默认的总价是成本价,交货期为1期交货,账期为4。

参与竞拍的公司需要有相应市场、ISO认证的资质,但不必有生产资格。

中标的公司需为该市场支付10W(等于最小的单广告额,为可变参数)标书费,在竞拍会结束后一次性扣除,计入广告费里面。

如果(已竞得单数+本次同时竞单数)×最小的单广告额>现金余额,则不能再竞单。即必须有一定现金库存作为保证金。如同时竞3张订单,库存现金为54W,已经竞得3张订单,扣除了30W标书费,还剩余24W库存现金,则不能继续参与竞单,因为万一再竞得3张,24W库存现金不足支付标书费30W。

为防止恶意竞单,对竞单的张数进行限制,如果{某队已竞得单张数>ROUND(3×该年竞单总张数/参赛队数)},则不能继续竞单;否则可以继续参与竞单。

注意:ROUND表示四舍五入。

参赛队数指经营中的队伍,若破产继续经营也算在其内,破产退出经营则不算在其内。

如某年竞单,共有 40 张订单,20 队(含破产继续经营)参与竞单,当一队已经得到 7 张单,因为 7>ROUND(3×40/20),所以不能继续竞单;但如果已经竞得 6 张,可以继续参与。

参与竞拍的公司需根据所投标的订单,在系统规定时间内(以倒计时秒的形式显示)填写总价、交货期、账期三项内容,确认后由系统按照:

$$得分=100+(5-交货期)\times 2+应收账期-8\times 总价/(该产品直接成本\times 数量)$$

以得分最高者中标。如果计算分数相同,则先提交者中标。

注意:

总价不能低于(可以等于)成本价,也不能高于(可以等于)成本价的 3 倍;

必须为竞单留足时间,如在倒计时小于等于 5 秒再提交,可能无效;

竞得订单与选中订单一样,算市场销售额;竞单时不允许紧急采购,不允许市场间谍。

竞单界面如图 7.12 所示。

U03参加第**3**年竞拍会，当前回合剩余竞拍时间为**31**秒

9	28J16	本地	P3	4	-	完成	U18	360W	2季	2季
10	28J17	本地	P3	3	9	完成	U01	315W	2季	4季
11	28J18	本地	P3	2	-	完成	U02	170W	2季	2季
12	28J25	本地	P4	3	9 14	完成	U13	309W	1季	0季
13	28J11	区域	P1	2	-	完成	U10	110W	1季	4季
14	28J08	区域	P2	5	-	完成	U09	440W	1季	0季
15	28J19	区域	P2	3	9	完成	U10	220W	2季	2季
16	28J21	区域	P2	2	-	完成	U19	176W	1季	2季
17	28J09	区域	P3	4	-	完成	U01	409W	1季	4季
18	28J10	区域	P3	3	-	完成	U17	320W	1季	1季
19	28J20	区域	P3	5	-	设置竞价	-	-	-	-
20	28J26	区域	P4	2	14	设置竞价	-	-	-	-
				↑本用户出价				300W	4季	0季
21	28J27	区域	P4	4	-	等待	-	-	-	-
22	28J14	国内	P1	4	9 14	等待	-	-	-	-
23	28J23	国内	P2	4	-	等待	-	-	-	-
24	28J12	国内	P3	5	9 14	等待	-	-	-	-
25	28J13	国内	P3	5	-	等待	-	-	-	-
26	28J22	国内	P3	3	-	等待	-	-	-	-
27	28J24	国内	P3	3	14	等待	-	-	-	-

图 7.12　竞单

[物理沙盘操作]:到交易台取订单。

制订新年度计划,在明确今年的销售任务后,需要以销售为龙头,结合企业对未来的预期,编制生产计划、采购计划、设备投资计划并进行相应的资金预算。将企业的供产销活动有机地结合起来,使企业各部门的工作形成一个有机的整体。

4. 支付应付税(所得税)

依法纳税是每个企业及公民的义务。如果企业本年在弥补前 5 年亏损之后,仍有盈利,则(盈利部分×所得税率)计入当年应付税金,并在下一年初交纳。如第 1,2,3 年税前利润分别为-50W、-60W、200W,则第 1,2 年不需要计税,第 3 年计税为(-50-60+200)×

25%=22.5W,则实际支付20W(向下取整)税,并在第4年初付现缴纳。

[电子沙盘操作]:广告投放确认后,由系统自动扣除。

[物理沙盘操作]:请财务总监按照上一年利润表的"所得税"一项数值取出相应的现金放置于沙盘上"税金"处,会计主管做好现金收支记录。

5. 支付长贷利息

[电子沙盘操作]:广告投放确认后,由系统自动扣除。

[物理沙盘操作]:累计长期贷款×长贷利率为应付长期贷款利息,请财务总监取出支付长贷利息相应现金放置于沙盘"利息"处,做好现金的收支登记。

6. 更新长期贷款/长期贷款还款

[电子沙盘操作]:广告投放确认后,由系统自动扣除。

[物理沙盘操作]:在盘面上将长期贷款空筒往现金方向推一格(表示一年),如果空筒已推到现金库,长期贷款到了归还期,从现金库取出到期本金,归还至银行,将相应数量的现金送到交易台,并做好现金的收支登记。

提示:支付应付税、支付长期贷款利息、更新长期贷款/长期贷款还款几步所付现金在系统中均与广告费同时扣除,系统将自动判定现金是否足够支付广告费、应付税及长贷本息。

7. 申请长期贷款

如有授信额度,可以申请长贷,每次贷款不少于10的倍数。可申请额度为:上一年所有者权益×3(贷款倍数)-已有长期短期贷款之和。

[电子沙盘操作]:可在系统中双击申请长贷,填入申请数量及年限。

[物理沙盘操作]:同时需要在交易台获得相应数量现金,做好现金登记;并将空桶置于盘面(1个空桶表示200W)长期贷款相应年份位置,做好标记。

7.4.2 每季17项工作

1. 季初盘点

财务总监需要核对盘面现金与系统是否相符。

2. 更新短期贷款/短期贷款还本付息

[电子沙盘操作]:短期贷款更新及到期本息归还在系统中与当季开始一并操作,选单结束或长期贷款后可以当季开始;在系统主界面的操作区中单击当季开始图标,当季开始界面如图7.13所示。

(1)开始新一季经营必须当季开始。

(2)系统自动扣除短期贷款本息。

(3)系统自动完成更新生产、产成品完工入库、生产线建设完工及转产完工操作。

[物理沙盘操作]:更新短期贷款:如果企业有短期贷款,请财务总监将空桶向现金库方向移动一格。移至现金库时,表示短期贷款到期。

还本付息:短期贷款的还款规则是利随本清。短期贷款到期时,每桶需要支付利息=本金×5%,财务总监从现金库中取现金,其中本金还给银行,送到交易台,利息放置于沙盘上的"利息"处并做好现金收支记录。

图 7.13　当季开始

3. 更新生产/完工入库

[电子沙盘操作]：系统中此工作在当季开始自动完成。

[物理沙盘操作]：由运营总监将各生产线上的在制品推进一格。推到生产线外，产品下线表示产品完工，将完工产品放置于相应的产品库中。

4. 申请短期贷款

短期贷款只有在这一时点上可以进行，财务总监到银行办理贷款手续。可以申请的最高额度为：上一年所有者权益×贷款倍数−已有长短贷之和。短期贷款申请数量不少于10 的倍数。

[电子沙盘操作]：可在系统中双击申请短贷，填入申请数量。

[物理沙盘操作]：需要在交易台获得相应数量现金，放入现金库，做好现金登记；并将相应数量的空桶置于盘面短贷 Q4 位置处，做好标记。

5. 原材料入库/更新原料订单

供应商发出的订货已经运抵企业时，企业必须无条件接收货物并支付原材料款。

[电子沙盘操作]：在系统中双击更新原料库，在途原料自动向前推进一个提前期，同时系统要求入库的原材料必须确认支付现金，原材料到期必须付现，否则系统不允许通过。更新原料库存界面如图 7.14 所示。

图 7.14　更新原料库存

（1）系统自动提示需要支付的现金（不可更改）。

（2）执行"确认支付"即可，更新原料库在系统中是必须的操作，即使支付现金为零也必须执行。

(3)系统自动扣减现金。

(4)确认后,后续的操作权限方可开启("下原料订单"到"更新应收款"),前面操作权限关闭。

(5)一季只能操作一次。

[物理沙盘操作]:采购总监将原料订单区中的空桶向原料方向推进一格,到达原料库时,向财务总监申请原料款,支付给供应商,换取相应的原料,同时做好现金登记。

6. 下原料订单

采购总监根据年初制订的采购计划,决定采购的原料的品种及数量。

[电子沙盘操作]:在系统中双击下原料订单,输入各种原料订购数量,并确认。下原料订单界面如图 7.15 所示。

图 7.15 下原料订单

(1)必须一次性输入各类原料订货数量,然后按"确认订购"。

(2)确认订购后不可退订。

(3)可以不下订单。

(4)该操作一季度只能进行一次。

[物理沙盘操作]:每个空桶代表一批原料,将相应数量的空桶放置于对应品种的原料订单处。

提示:在盘面中分别用红、橙、蓝、绿四种彩币表示 R1、R2、R3、R4 四种原料。

7. 购买/租用厂房

[电子沙盘操作]:在系统中,双击购置厂房,选择厂房类型(大厂房、小厂房、中厂房三种类型),选择订购方式(买、租两种方式),点击确认操作,系统将自动扣除相应租金或厂房价值。会在开发区信息处增加新厂房。操作如图 7.16、图 7.17 所示。

(1)厂房可买可租。

(2)最多只可使用四个厂房。

(3)四个厂房可以任意组合,如租三买一或租一买三。

(4)生产线不可在不同厂房移位。

[物理沙盘操作]:厂房为一大(6 条生产线),一小(4 条生产线),企业最多只可以使用一大一小两个厂房。企业在新建生产线之前,必须以买或租的方式获得厂房。且生产线不可以在不同厂房之间移动位置。选择租用,租金在开始租用的季度交付,即从现金处

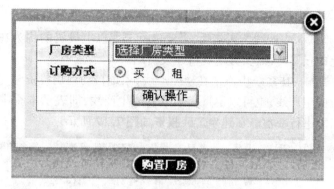

图 7.16 选择订购方式

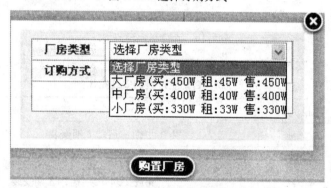

图 7.17 选择厂房类型

取等量钱币,放在租金费用处,并将一只内放租金额字条的空桶,放在 Q4 应付款处,每季度推进空桶。一年租期到期时,如果决定续租,需再次将相应的现金放在租金处,并将有租金字条的空桶放在 Q4 应付款处(注:并未发生应付款,仅作记账用);如果决定买厂房,取出厂房价值等量现金放置于盘面上厂房价值处。财务总监做好现金的收支记录。

8. 新建/在建/转产/变卖生产线

(1)新建生产线。

[电子沙盘操作]:在系统中双击新建生产线图标,选择所在厂房、生产线类型、生产产品类型,确认操作后系统自动扣除第一笔安装款;一季可操作多次,直至生产线满负荷。

新建生产线如图 7.18 所示。

图 7.18 新建生产线

[物理沙盘操作]:投资新设备时,生产总监向指导老师领取新生产线标志及产品标志,生产线标志翻转放置于厂房相应位置,其上放置与该生产线安装周期相同的空桶数,每个季度向财务总监申请建设资金,额度=设备总购买价值/安装周期,财务总监做好现

金收支记录。

(2)在建生产线。生产线购买之后,需要进行二期以上投资的均为在建生产线,当需要进行二期以上的投资时,需要分期支付建设费用。

[电子沙盘操作]:在系统中双击在建生产线,系统自动列出投资未完成的生产线,复选需要继续投资的生产线,也可以不选择某条在建生产线,即表示本季中断投资;本操作在系统中一季只能进行一次。在建生产线投资如图7.19所示。

选择项	编号	厂房	类型	产品	累积投资	开建时间	剩余时间
✓	1	小厂房	自动线	P1	50W	第1年1季	2季
✓	2	小厂房	自动线	P1	50W	第1年1季	2季

确认投资

图7.19 在建生产线投资

以自动线为例,安装周期为3Q,总投资额为15M,安装操作可按表7.2进行。

表7.2 自动生产线的安装操作

操作时间	投资额	安装完成
1Q	5M	启动1期安装
2Q	5M	完成1期安装,启动2期安装
3Q	5M	完成2期安装,启动3期安装
4Q		完成3期安装,生产线建成

投资生产线的支付不一定需要连续,可以在投资过程中中断投资,也可以在中断投资之后的任何季度继续投资,但必须按照上表的投资原则进行操作。

提示:

①一条生产线待最后一期投资到位后,必须到下一季度才算安装完成,允许投入使用。

②生产线安装完成后,盘面上必须将投资额放在设备价值处,以证明生产线安装完成,并将生产线标志翻转过来,系统自动会在当季开始判定生产线是否安装完成。

③参赛队之间不允许相互购买生产线,只允许向设备供应商(裁判)购买。

④手工生产线安装不需要时间,随买随用。

[物理沙盘操作]:生产总监向财务总监申请建设资金,放置于空筒内,财务总监做好收支记录。当资金不足时,也可以暂缓建设生产线。

(3)生产线转产。生产线转产是指生产线转而生产其他产品。不同生产线类型转产所需要的调整时间和资金投入是不同的,可参阅规则。

[电子沙盘操作]:在系统中双击生产线转产,系统自动列出符合转产要求的生产线(建成且没有在产品的生产线);单选一条生产线,并选择要转产生产的产品;手工线、柔性线可以生产任何产品,但若需要转产,在系统中仍需要进行转产操作,但不需要停产及转产费;选择需要转产的生产线及转产后生产产品并确认,系统会在当季开始时自动判定

转产是否完成。生产线转产界面如图7.20所示。

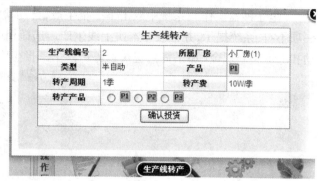

图7.20　生产线转产

以自动线为例,转产需要一个周期,共20W转产费,在第一季度开始转产,投资20W转产费,第二季度完成转产,可以生产新产品。

[物理沙盘操作]:如果需要转产且该生产需要一定的转产周期及转产费用,请生产总监翻转生产线标志,领取新的产品标志,按季度向财务总监申请并支付转产费用放于生产线标志上,停工满足转产周期要求并支付全部转产费用后,再次翻转生产线标志,开始新的生产。财务总监做好现金收支,并将转产费放于盘面相应位置处。

(4)变卖生产线。在建及在产的生产线不可以变卖,转产中的生产线可以变卖。

[电子沙盘操作]:在系统中双击变卖生产线,系统自动列出可变卖生产线(建成后没有在制品的空置生产线,转产中生产线不可卖);选择欲变卖的生产线,确认即可。变卖后,从净值中按残值收回现金,净值高于残值的部分记入当年费用的损失项目。变卖生产线界面如图7.21所示。

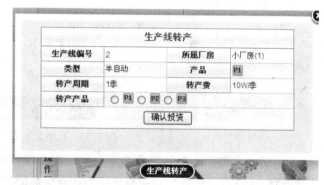

图7.21　变卖生产线

[物理沙盘操作]:若变卖的生产线净值大于残值,将按残值放入现金区,其他剩余价值放入"其他损失"费用处,记入当年"综合费用",并将生产线交还给供应商即可完成变卖。

9. 开始下一批生产

更新生产/完工入库后,某些生产线的在制品已经完工,某些生产线已经建成,可以考虑开始生产新产品。下一批生产前提有三个:原料、加工费、生产资格;任何一条生产线在产品只能有一个。

[电子沙盘操作]：系统中双击下一批生产，自动检测原料、生产资格、加工费，如果有一项不符，系统提示，并且放弃本次上线生产。选择相应空生产线，确认生产即可，系统自动扣除原料和现金（加工费），也可以停产。下一批生产界面如图 7.22 所示。

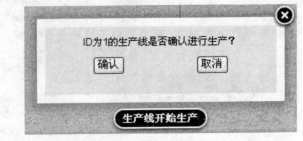

图 7.22 下一批生产

[物理沙盘操作]：如果有该产品生产资格，由生产总监按照产品结构从原料库中取出原料，并向财务总监申请产品加工费，将上线产品摆放到空生产线的离原料库最近的生产周期。

10. 应收款/更新应收款收现

[电子沙盘操作]：在系统中双击"应收款更新"，点击系统自动完成更新，如有应收款到期，系统会自动列出变现金额；如果没有到期的应收款，也要确认更新（值为0），不做此操作，系统将无法启动后面操作；本操作为一次性操作，即确认更新后，本季度不能再次操作，将关闭应收款更新之前的操作。并开启以后的操作任务，即按订单交货，产品开发，厂房处理权限。应收款更新界面如图 7.23 所示。

图 7.23 应收款更新

[物理沙盘操作]：财务总监将应收款向现金库方向推进一格，到达现金库时即应收账款收现，拿着应收账款条到交易台换回相应金额的现金，需做好现金收支记录。

11. 按订单交货

必须按订单整单交货；必须在订单规定的交货期或之前交货。

[电子沙盘操作]：在系统中双击按订单交货，系统自动列出当年未交且未过交货期的订单；自动检测成品库存是否足够，交货期是否过期；选择要交货的订单，按"确认交货"按钮，系统将自动减少成品库存，增加相应现金或应收款。如果库存不足或交货期已过，系统就不允许交货。

按订单交货如图 7.24 所示。

订单编号	市场	产品	数量	总价	得单年份	交货期	账期	ISO	操作
19-5-2408	区域	P3	3	240W	第2年	3季	2季	-	确认交货
19-2-2305	区域	P3	1	80W	第2年	4季	3季	-	确认交货
19-2-1310	本地	P3	2	140W	第2年	4季	1季	-	确认交货
19-2-1212	本地	P2	4	250W	第2年	4季	1季	-	确认交货
19-2-1207	本地	P2	2	130W	第2年	4季	2季	-	确认交货
19-2-1203	本地	P2	3	180W	第2年	4季	3季	-	确认交货
19-2-1111	本地	P1	1	50W	第2年	4季	0季	-	确认交货

图 7.24　按订单交货

［物理沙盘操作］：营销总监检查各成品库中的成品数量是否满足客户订单要求，满足则按照客户订单交付约定数量的产品给客户。客户检查数量和交货期是否满足订单要求，满足则收货，并按订单上列明的条件支付货款，若为现金（0账期）付款，营销总监直接将现金置于现金库，财务总监做好现金收支记录；若为应收账款，营销总监将现金置于应收款相应账期处。

12. 产品研发投资

［电子沙盘操作］：在系统中双击产品研发，系统自动列出可以研发的产品，复选本季度欲研发的产品，需同时选定要开发的所有产品，本操作一季度只允许一次；按"确认投资"按钮确认并退出本窗口，一旦退出，则本季度不能再次进入；当季（年）结束系统检测产品开发是否完成。产品研发界面如图 7.25 所示。

选择项	产品	投资费用	投资时间	剩余时间
□	P1	10W/季	2季	-
□	P2	10W/季	3季	-
□	P3	10W/季	4季	-
□	P4	10W/季	5季	-

确认研发

产品研发

图 7.25　产品研发

［物理沙盘操作］：按照年初制订的产品研发计划，营销总监向财务总监申请研发资金，置于相应产品生产资格位置，并做好现金收支记录；产品研发完成，领取相应的生产资格标志。

13. 厂房出售（买转租）/退租/租转买

如果企业已租或已购买了厂房，可以进行如下处理（系统中双击厂房处理）。

（1）如果已购买的厂房中没有安装生产线，可卖出。

［电子沙盘操作］：系统中双击厂房处理，处理方式选择"卖出"，选择项选要卖出的厂房，"确认处理"后，增加 Q4 账期应收款并删除厂房。

［物理沙盘操作］：将代表厂房价值的现金放置于 Q4 应收账款的位置。

（2）如果已购买的厂房中有生产线,可进行买转租。

［电子沙盘操作］：卖出后增加 Q4 账期应收款并删除厂房。同时自动转为租用,从现金中扣除一年租金。

［物理沙盘操作］：将代表厂房价值的现金放置于 Q4 应收账款的位置；将租金放在租金费用处,记下起租的季度,在应付账款 Q4 处放一只内放租金额字条的空桶。

（3）如果租用的厂房已满一年,可以进行如下处理：

［电子沙盘操作］：

①不论是否有生产线,均可支付现金,转为购买（租转买）,此时,只要按厂房的购买价格（大厂房 40M,小厂房 30M）扣除足量现金即可。

②如果厂房中没有生产线,可以选择退租,系统将删除该厂房。

对已租用的厂房继续租用时,可以不执行任何操作,"系统"将自动判定交下一年租金的时间。

③当季结束时自动从现金中扣除（后面有进一步说明）。厂房处理界面如图 7.26 所示。

处理方式	○ 卖出(买转租)	○ 退租	● 租转买		
选择项	厂房	厂房状态	容量	剩余容量	最后付租
○	大厂房(1)	租用	6	2	第1年1季
	确认处理				

图 7.26　厂房处理

［物理沙盘操作］：

①从现金库取出购买厂房现金放在厂房的价值处,并做好现金的收支记录。

②在盘面中将相应应付款处空桶取走。

③将租金放在租金费用处,并做好现金的收支记录。

14. 新市场开拓/ISO 资格投资

市场开拓：

［电子沙盘操作］：系统自动列出可以开拓的市场,复选要进行开拓的市场,然后按"确认研发"按钮；只有第 4 季可操作一次；第 4 季结束系统自动检测市场开拓是否完成。市场开拓界面如图 7.27 所示。

选择项	市场	投资费用	投资时间	剩余时间
☐	本地	10 W/年	1年	-
☐	区域	10 W/年	1年	-
☐	国内	10 W/年	2年	-
	确认研发			

图 7.27　市场开拓

［物理沙盘操作］：财务总监取出现金放置在要开拓的市场区域,并做好现金支出记

录。市场开发完成,从交易台处领取相应市场准入证。

ISO 投资:

[电子沙盘操作]:ISO 认证投资界面如图 7.28 所示。

选择项	ISO	投资费用	投资时间	剩余时间
□	9	10 W/年	2年	-
□	14	20 W/年	2年	-

确认研发

图 7.28　ISO 认证投资

复选所要投资的资格,然后按"确认研发"按钮;只有第 4 季可操作一次;第 4 季结束系统自动检测 ISO 资格是否完成。

系统将在当季(年)结束后自动判定能否获取生产资格,营销总监此时应携带开发费去管理员处换取生产资格。当季(年)结束中任务项检测产品开发完成情况如图 7.29 所示。

图 7.29　当季结束

提示:当季(年)结束时,系统自动支付行政管理费、支付租金、检测"产品开发"完成情况。

[物理沙盘操作]:财务总监取出现金放置在要认证的区域,并做好现金支出记录。认证完成,从交易台处领取相应 ISO 资格证。

15. 季末现金收入合计

财务总监统计本季度现金收入总额。

16. 季末现金支出合计

财务总监统计本季度现金支出总额。第 4 季度的统计数字中包括第 4 季度本身和年底发生的。

17. 期末现金对账

财务总监盘点现金余额,系统进行核对。

7.4.3 年末5项工作

[物理沙盘操作]:

(1)缴纳违约订单罚款。企业经营,诚信为本,如果未能及时交货,需要接受一定的惩罚:

①按订单销售额一定比例缴纳罚款,并直接从现金中扣除,记入当年其他损失。

②收回该订单。

③即使在该市场完成的销售额最高,也无权获得市场领导者地位。

(2)支付设备维修费。已经建成的每条生产线需要支付维修费,手工生产线需要支付 10 W/年,租赁线需要支付 55W/年,自动生产线需要支付 20 W/年,柔性生产线需要支付 20 W/年,生产总监向财务总监提出申请,财务总监取出现金放置于盘面"维修费"处,并做好现金收支记录。

当年建成的生产线(不论在哪一季度)需要支付设备维修。

(3)计提折旧。厂房不提折旧,设备(生产线)按平均年限法计提折旧,在建工程及当年建成的设备不计提折旧。财务总监从生产净值中取出折旧费放置于盘面"折旧"处。

①当净值等于残值,则无需再提折旧。

②折旧与现金流无关。

(4)换取新市场/ISO 资格认证标志。营销总监检查新市场/ISO 资格投资是否已经完成,若完成可携带开发费去管理员处换取相应标志。

(5)结账。财务总监需要编制综合费用表、利润表和资产负债表。

[电子沙盘操作]:以上 5 项工作,在第 4 季单击当年结束,确认一年经营完成,系统将自动完成,同时系统还完成支付管理费、更新厂房租金及检测产品开发完成情况等工作。当年结束确认界面如图 7.30 所示。

图 7.30 当年结束

系统会自动完成以下任务:

(1)支付第 4 季管理费。

(2)如果有租期满一年的厂房,续付租金。

(3)检测产品开发完成情况。

(4)检测市场开拓及 ISO 开拓完成情况。

(5)支付设备维修费。

(6)计提折旧。

(7)违约扣款。

(8)系统会自动生成综合费用表、利润表和资产负债表三大报表。

(9)需要在客户端填写资产负债表,系统自动检测正确与否,不正确会提示。

填写资产负债表的界面如图 7.31 所示。

资产负债表			
现金	1 W	长期贷款	0 W
应收款	0 W	短期贷款	0 W
在制品	0 W	特别贷款	0 W
产成品	0 W	应交所得税	0 W
原材料	0 W	-	
流动资产合计	0 W	负债合计	0 W
厂房	0 W	股东资本	0 W
生产线	0 W	利润留存	0 W
在建工程	0 W	年度净利	0 W
固定资产合计	0 W	所有者权益合计	0 W
资产总计	0 W	负债和所有者权益总计	0 W
提交报表			

图 7.31　资产负债表

年度经营结束之后,管理员会将盘面上的各项成本取走,为来年经营做好准备。系统进入下一年度,等待广告投放。

7.4.4　7 项特殊工作(随时可以进行)

特殊运行任务指不受正常流程运行顺序的限制,当需要时就可以操作的任务。此类操作分为两类:第一类为运行类操作,这类操作改变企业资源的状态,如固定资产变为流动资产等;第二类为查询类操作,该类操作不改变任何资源状态,只是查询资源情况。

1. 紧急采购

有两种情况会用到此功能。

[电子沙盘操作]:在系统中双击紧急采购,选择相应货品,输入采购数量,确认即完成操作。紧急采购界面如图 7.32 所示。

(1)可在任意时间操作(竞单时不允许操作)。

(2)单选需购买的原料或产品,填写购买数量后确认订购。

(3)原料及产品的价格列示在右侧栏中——默认原料是直接成本 2 倍,成品是直接成本 3 倍。

(4)当场扣款到货。

图 7.32 紧急采购

(5)购买的原料和产品均按照直接成本计算,高于直接成本的部分,记入综合费用表损失项。

[物理沙盘操作]:

(1)如果下一批生产原材料预定不够,又需要当期使用,可以用成本价的 2 倍现金采购原料,采购总监提出申请,用一个灰币(现金)换取原料(彩币);另外将一个灰币(现金)置于盘面"其他损失"处。

(2)按订单交货发现产成品库存不足,可以以直接成本的 3 倍价格采购。其中,以直接成本价值现金去管理员处换取成品,将 2 倍直接成本现金放置于盘面"其他损失"处。

2. 出售库存

现金断流时,可以用此方式融资。产品可以按照成本价售出;原料按照 8 折的售价售出,即直接成本为 10W 原料回收 8W 现金;若收回现金出现小数则向下取整,如出售直接成本 8W 原料,收回 6W 现金。

[电子沙盘操作]:在系统中双击出售库存,选择相应货品,输入出售数量,确认即完成操作。

出售库存界面如图 7.33 所示。

图 7.33 出售库存

(1)可在任意时间操作。
(2)填入售出原料或产品的数量,然后确认出售。
(3)原料、成品按照系统设置的折扣率回收现金——默认原料8折,成品直接成本。
(4)售出后的损失部分记入费用的损失项。
(5)所得现金四舍五入。
［物理沙盘操作］：携带产品或原料到交易处兑换相当于直接成本价值的现金,折价部分置于盘面"其他损失"处。

3. 贴现

不同账期的应收款采用不同的贴现率,1,2期应收款按1∶9(10M应收款扣1M贴息,小于10M的贴现均收取1M贴息)的比例贴现,3,4期应收款按1∶7(8M应收款扣1M贴息,小于8M的贴现也收取1M贴息)。只要有足够的应收账款,可以随时贴现(包括次年支付广告费时,也可使用应收贴现)。

［电子沙盘操作］：双击系统贴现操作,可选贴某一账期的应收款,输入贴现的金额,然后确认贴现即可。贴现界面如图7.34所示。

剩余账期	应收款	贴现额
1季	0W	0 W
2季	0W	0 W

剩余账期	应收款	贴现额
3季	0W	0 W
4季	0W	0 W

图 7.34　贴现

(1)1,2季与3,4季分开贴现。
(2)1,2(3,4季)季应收款加总贴现;如1期贴4W,2期贴6W,则总共扣1W贴息。
(3)可在任意时间操作且次数不限。
(4)填入贴现额应小于等于应收款。
(5)贴现额乘以对应贴现率,求得贴现费用(向上取整),贴现费用记入财务费用,其他部分增加现金。

［物理沙盘操作］：从应收款中取出收现部分放于盘面"现金"处,其余放于"贴息"处。

4. 厂房贴现

［电子沙盘操作］：在系统中双击"厂房贴现"图标,确认即可完成操作。厂房贴现界面如图7.35所示。

(1)任意时间可操作。
(2)将厂房卖出,获得现金。
(3)如果无生产线,厂房原值售出后,售价按四季应收款全部贴现。

图 7.35　厂房贴现

(4)如果有生产线,除按售价贴现外,还要再扣除租金。

(5)系统自动全部贴现,不允许部分贴现。

[物理沙盘操作]:正常情况下出售厂房后,直接转入 4Q 的应收账款。但在急用的情况下,且操作步骤没有轮到变卖厂房的操作时,可以利用本功能直接将厂房的价值按照 4Q 应收账款贴现(按1:7的比例)。可将厂房价值分别转入现金、租金及贴息处。

例如,如果紧急出售有生产线的大厂房,将实际转入现金 349 W,其中 56 W 转入贴现费用、45 W 转入厂房租金。如果紧急出售的大厂房中无生产线,则将转入现金 394 W。

5. 间谍(商业情报收集)

市场竞争中,信息的价值不言而喻,系统中设置了间谍功能,支付一定的信息费(或免费),可在规定时间内查看其他企业产品开发、市场开发、ISO 开发、生产线建设等情况。间谍界面如图 7.36 所示。

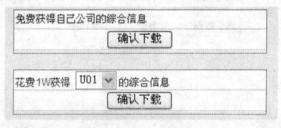

图 7.36　间谍

(1)任意时间可操作;可查看任意一家企业信息,花费 1W(可变参数)可查看一家企业情况,包括资质、厂房、生产线、订单等(不包括报表)。

(2)以 EXCEL 表格形式提供。

(3)可以免费获得自己的相关信息。

6. 订单信息

订单信息界面,如图 7.37 所示。

订单编号	市场	产品	数量	总价	状态	得单年份	交货期	账期	ISO	交货时间
19-3-3304	国内	P3	2	170 W	未完成	第3年	4季	1季	-	-
19-3-3208	国内	P2	2	170 W	已交单	第3年	4季	2季	-	第3年2季
19-3-3207	国内	P2	1	80 W	未完成	第3年	1季	2季	-	-
19-3-2301	区域	P3	1	90 W	未完成	第3年	4季	1季	14	-
19-3-2212	区域	P2	2	170 W	未完成	第3年	4季	4季	-	-
19-3-1307	本地	P3	2	170 W	未完成	第3年	4季	2季	9	-
19-3-1210	本地	P2	3	230 W	已交单	第3年	4季	2季	-	第3年1季
19-2-2207	区域	P2	1	70 W	已交单	第2年	4季	2季	-	第2年2季
19-2-2109	区域	P1	3	130 W	已交单	第2年	4季	2季	-	第2年4季
19-2-2104	区域	P1	3	150 W	已交单	第2年	4季	2季	-	第2年3季
19-2-1210	本地	P2	3	180 W	已交单	第2年	4季	3季	-	第2年3季

图 7.37 订单信息

（1）任意时间可操作。
（2）可查看所有订单信息及状态。

7. 查看市场预测

市场预测界面，如图 7.38 所示。

市场预测表——均价

序号	年份	产品	本地	区域	国内	亚洲	国际
1	第2年	P1	49.39	47.08	0	0	0
2	第2年	P2	62.73	68.08	0	0	0
3	第2年	P3	71.67	77.86	0	0	0
5	第3年	P1	46.44	51.2	49.72	0	0
6	第3年	P2	77.5	78.12	80.54	0	0
7	第3年	P3	83.04	86.21	86.4	0	0
8	第3年	P4	100	128.24	125.31	0	0
9	第4年	P1	44.36	47.89	43.95	40	0
10	第4年	P2	82.82	74.55	80.67	66.86	0
11	第4年	P3	88.75	85	82.38	87.5	0
12	第4年	P4	139.71	133.48	133.61	134.5	0
13	第5年	P1	40.97	48.46	42.31	38.33	57.27
14	第5年	P2	75	61.33	69.63	64.52	71.72
15	第5年	P3	88.71	91.5	81.74	89.57	79.5
16	第5年	P4	132.68	125.93	131	132.5	0
17	第6年	P1	36.82	45.45	39.13	33.33	59.13

图 7.38 市场预测

（1）任意时间可查看。
（2）只包括选单。

7.4.5 特别说明

以上是电子沙盘的基本操作，还有几个问题需要说明。

1. 破产检测

（1）广告投放完毕、当季开始、当季（年）结束、更新原料库等处，系统自动检测已有库存现金加上最大贴现及出售所有库存及厂房贴现，是否足够本次支出，如果不够，则破产退出系统。如需继续经营,联系管理员(教师)进行处理。

(2)当年结束,若权益为负,则破产退出系统,如需继续经营,联系管理员(教师)处理。

2. 小数取整处理规则

(1)违约金扣除(每张违约单单独计算)——四舍五入。

(2)库存拍卖所得现金——四舍五入。

(3)贴现费用——向上取整。

(4)扣税——四舍五入。

3. 操作小贴士

(1)需要付现操作系统均会自动检测,如不够,则无法进行下去。

(2)请注意更新原料库及更新应收款两个操作,是其他操作之开关。

(3)多个操作权限均同时打开,则对操作顺序并无严格要求,但建议按顺序操作。

(4)可通过IM(Instant Messaging)与管理员联系。

(5)市场开拓与ISO投资仅第4季可操作。

(6)操作中发生显示不当,立即执行刷新命令(F5)或退出重登录。

7.5 操作任务汇总表

为了便于迅速掌握操作,将任务清单中所有操作特点列出,便于查询,如表7.3所示。

表7.3 操作任务汇总表

手工操作流程	系统操作对应按钮	系统操作要点	系统操作次数限制
新年度规划会议			
投放广告	投放广告	输入广告费确认	1次/年
参加订货会选订单/登记订单	参加订货会	选单	1次/年
支付应付税	投放广告	系统自动	1次/年
支付长贷利息	投放广告	系统自动	1次/年
更新长期贷款/长期贷款还款	投放广告	系统自动	1次/年
申请长期贷款	申请长贷	输入贷款数额并确认	不限
季初盘点(请填余额)	当季开始	产品下线,生产线完工(自动)	1次/季
更新短期贷款/短期贷款还本付息	当季开始	系统自动	1次/季
申请短期贷款	申请短贷	输入贷款数额并确认	1次/季

续表7.3

手工操作流程	系统操作对应按钮	系统操作要点	系统操作次数限制
原材料入库/更新原料订单	更新原料库	需要确认金额	1次/季
下原料订单	下原料订单	输入并确认	1次/季
购买/租用厂房	购置厂房	选择并确认,自动扣现金	不限
更新生产/完工入库	当季开始	系统自动	1次/季
新建/在建/转产/变卖生产线	新建生产线,在建生产线,生产线转产,变卖生产线	选择并确认	新建/转产/变卖——不限,在建——1次/季
紧急采购(随时进行)	紧急采购	随时进行输入并确认	不限
开始下一批生产	下一批生产	选择并确认	不限
更新应收款/收款收现	应收款更新	需要输入到期金额	1次/季
按订单交货	按订单交货	选择交货订单确认	不限
产品研发投资	产品研发	选择并确认	1次/季
厂房出售(买转租)/退租/租转买	厂房处理	选择确认,自动转应收款	不限
新市场开拓/ISO资格投资	市场开拓,ISO投资	仅第4季允许操作	1次/年
支付管理费/更新厂房租金	当季(年)结束	系统自动	1次/季
出售库存	出售库存	输入并确认(随时进行)	不限
厂房贴现	厂房贴现	随时进行	不限
应收款贴现	贴现	输入并确认(随时进行)	不限
—	间谍	确认(随时进行)	不限
缴纳违约订单罚款	当年结束	系统自动	1次/年
支付设备维修费	当年结束	系统自动	1次/年
计提折旧	当年结束	系统自动	1次/年
新市场/ISO资格换证	当年结束	系统自动	1次/年
结账	当年结束	系统自动	1次/年

7.6 账务处理

系统中账务处理要点如表 7.4 所示。

表 7.4 系统中账务处理要点

手工操作流程	系统操作对应按钮	账务处理要点
新年度规划会议		无
投放广告	投放广告	记入综合费用表广告费
参加订货会选订单/登记订单	参加订货会	无
支付应付税	投放广告	无
支付长贷利息	投放广告	记入利润表财务费用
更新长期贷款/长期贷款还款	投放广告	无
申请长期贷款	申请长贷	无
季初盘点(请填余额)	当季开始	无
更新短期贷款/短期贷款还本付息	当季开始	利息记入利润表财务费用
申请短期贷款	申请短贷	无
原材料入库/更新原料订单	更新原料库	无
下原料订单	下原料订单	无
购买/租用厂房	购置厂房	记入综合费用表厂房租金
更新生产/完工入库	当季开始	无
新建/在建/转产/变卖生产线	新建生产线,在建生产线,生产线转产,变卖生产线	记入综合费用表转产费或其他损失
紧急采购(随时进行)	紧急采购	记入综合费用表其他损失
开始下一批生产	下一批生产	无
更新应收款/应收款收现	应收款更新	无
按订单交货	按订单交货	记入利润表销售收入及直接成本
产品研发投资	产品研发	记入综合费用表产品研发
厂房出售(买转租)/退租/租转买	厂房处理	无
新市场开拓/ISO 资格投资	市场开拓,ISO 投资	记入综合费用表 ISO 资格认证
支付管理费/更新厂房租金	当季(年)结束	记入综合费用表管理费及租金
出售库存	出售库存	记入综合费用表其他损失
厂房贴现	厂房贴现	租金记入综合费用表租金及贴息记入利润表财务费用
应收款贴现	贴现	贴息记入利润表财务费用

续表7.4

手工操作流程	系统操作对应按钮	账务处理要点
缴纳违约订单罚款	当年结束	记入综合费用表其他损失
支付设备维修费	当年结束	记入综合费用表设备维护费
计提折旧	当年结束	记入利润表折旧
新市场/ISO 资格换证	当年结束	无
——	间谍	记入综合费用表信息费
结账	当年结束	生成综合费用表、利润表及资产负债表

利润表各项目对勾稽关系如表7.5所示。

表7.5 利润表各项目对勾稽关系

编号	项目	勾稽关系
1	销售收入	—
2	直接成本	—
3	毛利	=1-2
4	综合费用	—
5	折旧前利润	=3-4
6	折旧	—
7	支付利息前利润	=5-6
8	财务费用	—
9	税前利润	=7-8
10	所得税	—
11	年度净利润	=9-10

资产负债表中各项目来源及勾稽关系如表7.6所示。

表7.6 资产负债表中各项目来源及勾稽关系

项目	来源说明	项目	来源说明
现金	盘面或系统	长期负债	盘面
应收款	盘面	短期负债	盘面
在制品	盘面或系统	应交所得税	本年利润表
产成品	盘面或系统	—	—
原材料	盘面或系统	—	—
流动资产合计	以上各项目之和	负债合计	以上三项之和
厂房	盘面或系统	股东资本	初始设定(不变)

续表7.6

生产线	盘面或系统	利润留存	上年利润留存+上年年度净利
在建工程	盘面或系统	年度净利	本年利润表
固定资产合计	以上三项之和	所有者权益合计	以上三项之和
资产总计	=流动资产合计+固定资产合计	负债和所有者权益总计	=负债合计+所有者权益合计

第8章 沙盘企业经营战略

企业经营战略是在符合和保证实现企业使命的前提下,在充分利用环境中存在的各种机会和创造新机会的基础上,确定企业同环境的关系,规定企业从事的事业范围、成长方向和竞争对策,合理地调整企业结构和分配企业的全部资源。从其制定要求看,经营战略就是用机会和威胁评价现在和未来的环境,用优势和劣势评价企业现状,进而选择和确定企业的总体、长远目标,制定和选择实现目标的行动方案。

8.1 沙盘企业经营战略的概念和类型

ERP沙盘将企业合理简化,反映了经营本质,在这个模型上进行实际演练,为管理实践教学提供了良好的手段,沙盘企业用ERP沙盘进行模拟演练,也是对企业经营战略进行模拟运用。

8.1.1 沙盘企业经营战略的概念

经营战略是指企业面对激烈变化的环境、严峻挑战的竞争,为谋求生存和不断发展而做出的总体性、长远性的谋划和方略,是企业家用来指挥竞争的经营艺术。

沙盘企业经营战略就是学生团队在ERP沙盘模拟教学中所采取的一整套相互协调的活动,旨在开发核心竞争力,获取竞争优势。沙盘企业经营战略具体包括相互关联的财务战略、营销战略、生产战略和物流采购战略等。

8.1.2 沙盘企业经营战略的类型

企业经营战略可以分为相互关联的财务战略、营销战略、生产战略和物流采购战略等。

1. 沙盘企业财务战略

沙盘企业财务战略就是学生团队在ERP沙盘模拟教学中采用的筹资、投资和资金运营策略的集合,核心目的是在保证企业现金流安全的前提下,实现财务成本、风险和收益的最优匹配。

沙盘企业财务战略的基础是财务预测,即每年年初制定的现金预算表。

现金预算表中主要包含现金流入项目、现金流出项目及期初、期末现金结余。其中现金流入项目是沙盘企业为支撑企业投资决策和日常营运支出而筹集的现金,现金流出则包含了企业投资决策和日常营运产生的自己支出。

沙盘企业的投资决策所产生的现金支出主要包括生产线投资、厂房购买、产品研发、市场开拓及ISO认证的开发。其中生产线投资、厂房购买和产品研发相互间是同步、匹配和结构最优的,这样的投资决策才会使资金运用产生最大收益。

沙盘企业的日常资金运营所产生的现金支出主要包括企业的短期贷款的偿还、原材料的采购、工人工资的支付、各种综合费用及长短贷的利息。财务预算中日常资金运营管理的目的就是使企业合理分配和使用现金,实现资金成本的最低。结合综合费用表中的各项费用,有些是固定支出,是不可控的,有些是弹性支出,是完全可控的,广告费是其中最重要的,也是最有科技含量的,其数额和结构的分配直接影响企业的销售收入。投放过量,固然是产品销售较为理想,但是会造成不必要的浪费;投放不足,又会造成产品积压,影响企业利润和所有者权益,运营风险加大,得不偿失,所以广告费的投放要慎之又慎。

沙盘企业的筹资决策主要形式就是债权融资,包括长期贷款和短期贷款。其中长期贷款的资金成本较高,年利率为10%;短期贷款则较低,年利率为5%。但是长期贷款的偿还年限最长是5年,而且一旦实现所有者权益的正常增长,贷款额度会随之增加,相对偿债压力不大,一段时间内对现金流的压力小;而短期贷款恰恰相反,偿还期限是4个季度,到期自动扣除本金和利息,虽然贷款利率低,但对现金流的威胁更大,一旦无法正常还款会造成现金断流而使企业破产,即使通过贴现等临时措施还款,其成本也会大大增加。所以对于借款的类型和结构及时间点要科学合理地进行规划。

2. 沙盘企业营销战略

沙盘企业营销战略是沙盘企业运营过程中对于企业广告投入、订单获取、产品研发、市场开拓及ISO体系认证等项目的整体性规划,旨在实现销售利润最大化。

(1)企业广告投入。沙盘企业广告投入的核心目的为在保证产品全部清空的基础上实现销售毛利最大化。因此营销战略要实现的一件事就是根据市场预测及竞争对手的情况确定在每个市场拟销售的产品数量及相应的广告费价格,以及是否要投入ISO 9000及ISO 14000认证。

广告投入是针对不同的市场进行的,每个市场对应四种产品及9K,14K的广告金额,每个市场每种产品广告费的投放基数是1M,即投放1M就有可能获得一次选单机会,具体情况要根据市场需求及竞争对手的广告数额来确定。此外如果想增加一次选单机会需要增加投入2M,即投入3M可能获得2次选单机会,投入5M可能获得3次选单机会,以此类推,具体情况要根据市场需求及竞争对手的广告数额来确定。

(2)沙盘企业订单获取。企业每年初投放广告费后即可等待市场开单,然后根据自己的广告费排名进行选单,一轮过后投入广告费超过3M的可能获得2次甚至3次选单机会。订单获取后,企业相关职能人员(销售总监)必须将订单填制到相应的记录表单中。

同时计算企业本年的销售收入及销售毛利,及库存产品的数量和类型。最后要把每张订单相应的交货时间和应收账款时间标注清晰。

3. 沙盘企业生产战略

沙盘企业的生产战略的本质是在现金预算和权益控制的基础上,实现每条生产线的效益最优。其直接的实现条件就是每条生产线生产的产品所实现的贡献毛益和生产线所承担的折旧、维护费及初始贷款利息总和的差值最大。理论上每条生产线每年生产的产品数量是一定的,6年经营中生产的产品总数也是一定的,但每种类型生产线的效益值却有很大区别。以全自动生产线为例,其生产的产品数量如果从第二年开始计算,一共能生产19个,如果不涉及产品转产,即假设其所生产的产品的市场需求和价格相对稳定的情况下,此种生产线可实现效益最优。但相对于柔性生产线而言,全自动生产线的最大问题在于其转产费用过高,一旦其所生产的产品的市场需求和价格出现较大波动,无法及时调整,甚至要多匹配相应的广告费用以确保产品销售,故相对于柔性生产线而言,全自动生产线的劣势很明显。手工线和半自动线由于其生产周期过长,6年生产产品的数量和全自动生产线及柔性生产线差距过大,故不建议采用。

此外,沙盘企业生产战略必须要详尽规划每年的总产量及每个季度的各种产品单位产量,即产能的总数及结构,每种产品所匹配的生产线的数量最好有弹性,这样可以更好地适应市场竞争,而这就要求生产总监必须做好生产线排程表。最后,必须要考虑到一点,就是产品研发和生产线投资应该同时完成,确保新产品可及时上线生产,同时考虑到新生产线建成当年不计提折旧的规则,建议生产线建成时要选在第一季度投入使用。

4. 沙盘企业物流采购战略

沙盘企业的物流采购战略的基本原则就是在保证企业正常生产的前提下,实现原材料的零库存。做到这一点很容易,也很不容易。说它容易,是指如果企业拥有的生产线及产品组合比较单一,那么计算起来较为简单,如果没有柔性生产线或者不涉及临时转产,原材料预订和采购的数量相对固定,较易计算;说它不容易,是指在使用柔性生产线且产品组合较丰富,需要随时转产的情况下,对于原材料的掌控和计算就脱离了基本的零库存原则,而是为了保证实现产品销售收益最大化或者避免惨烈竞争而设计,已经上升到了战略层面。

在计算原材料采购的时候,最好填制原材料采购登记表。表中的本期订购数量和采购入库数量相互间是有内在联系的。对于采购提前期是1季度的R1和R2原材料而言,下一季度的采购入库数量就是本季度的订购数量,对于采购提前期是2季度的R3和R4原材料而言,下两个季度的采购入库数量就是本季度的订购数量。所以基本逻辑是先按照生产线的排程把每季度上线生产的产品的类型和数量计算好,推导出每个季度所需要的原材料的种类和数量,将其填到原材料采购登记表的每季度的采购入库数量栏,在此基础上反推每个季度需要订购的原材料的种类和数量,可以有效地减少采购中的计算失误及遗漏。

8.2 企业经营战略本质

沙盘企业经营战略是利用一定的经济资源,通过向社会提供产品和服务,以差异化的形式,通过塑造特定的竞争优势,参与市场竞争,获取利润,其核心目的是实现沙盘企业价值最大化。

沙盘企业经营战略的本质可以用图8.1来描述。

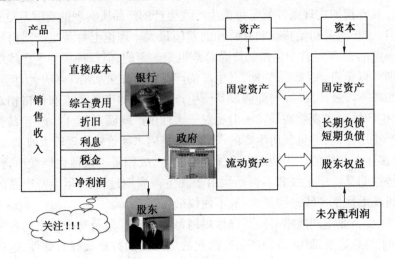

图 8.1　企业经营战略的本质

沙盘企业资本的构成主要有两个来源。

(1)负债:一个是长期负债,一般指沙盘企业从银行获得的长期贷款;另一个是短期负债,一般指沙盘企业从银行获得的短期贷款。

(2)所有者权益:一部分指沙盘企业创建之初时,所有股东的集资,即股东资本,这个数字除非企业破产或融资是不会改变的;还有一部分是未分配利润。

在沙盘企业筹集了资本之后,进行采购厂房和设备、引进生产线、购买原材料、生产加工产品等活动,余下的资本(资金)就是沙盘企业的流动资金了。沙盘企业的资产就是资本转化过来的,而且是等值的转化。所以资产负债表中,左边与右边一定是相等的。沙盘企业在经营中产生的利润当然归股东所有,如果股东不分配而将其参与沙盘企业下一年的经营中,就形成未分配利润,自然这可以看成是股东的投资,成为权益的重要组成部分。

沙盘企业经营的目的是股东权益最大化,权益的来源只有一个,即净利润。净利润来自何处? 只有一个——销售。但销售额不全是利润。其一,在收到销售款前,必须要采购原材料、支付工人工资,还有其他生产加工时必需的费用。当沙盘企业把产品卖掉,拿回销售额时,当然要抵扣掉这些直接成本。其二,还要抵扣掉沙盘企业为形成这些销售支付的各种费用,包括产品研发费用、广告投入费用、市场开拓费用、设备维修费用、管理费等。这些费用也是在拿到收入之前已经支付的。其三,机器设备在生产运作后会贬值,好比10万元的一辆汽车,开3年之后值5万就不错了,资产"缩水"了,这部分损失应当从销售额中得到补偿,这就是折旧。经过三方面的折旧之后,剩下的部分形成了支付利息与利润,归三方所有。首先,沙盘企业的运营,离不开国家的"投入",比如,道路、环境、安全等,所以有一部分归国家,即税收。其次,资本中有很大一块来自银行贷款,沙盘企业在很大程度上是银行的资金产生利润的;而银行之所以贷款给沙盘企业,当然需要收取利息回报,即财务费用。最后,剩余的净利润才是股东的。

开源和节流是扩大利润的两种方法,可以考虑一种,也可以考虑两者并用。沙盘企业利润的源泉——开源及节流,如图8.2所示。

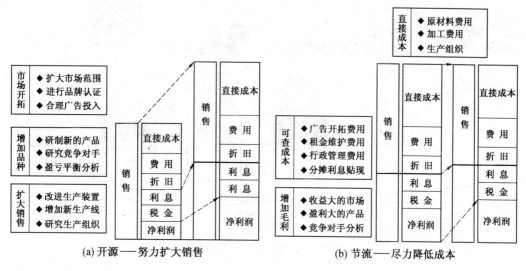

(a) 开源——努力扩大销售　　　　(b) 节流——尽力降低成本

图8.2　沙盘企业利润的源泉——开源及节流

衡量沙盘企业经营的两个最关键的指标是:资产收益率(return on assets,ROA),净资产收益率或权益收益率(rate of return on common stockholders' equity,ROE)。

$$ROA = 净利润/总资产$$
$$ROE = 净利润/权益$$

ROA越高沙盘企业的经营能力越强,反映出沙盘企业中1元钱的资产能获利多少。但沙盘企业资产并不都是属于股东的,股东最关心的是他的真正利益。ROE反映的是股东1元钱的投资能收益多少,越高越好。

两者之间的关系为

$$ROE = \frac{净利润}{权益} = \frac{净利润}{总资产} \times \frac{总资产}{权益} = ROA \times \frac{1}{1-资产负债率}(权益乘数)$$

ROA一定,资产负债率提高,ROE就越高,表明沙盘企业在"借钱省钱",用"别人"的钱为股东赚钱,这就是财务杠杆效应;资产负债率不变,ROA越高,ROE也越高,这表明沙盘企业的经营能力越强,给股东带来的回报越大,这就是经营杠杆效应。

如果资产负债率过高,沙盘企业风险很大。一旦由于贷款到期出现现金流短缺,沙盘企业将面临严重的风险。资产负债率如果大于1,就是资不抵债,沙盘企业就破产了。

8.3　沙盘企业基本业务的关键问题

REP沙盘模拟的是一家典型的制造型沙盘企业,采购→生产→销售构成了基本业务流程。沙盘企业基本业务流程如图8.3所示。

整个流程中有如下几个关键的问题。

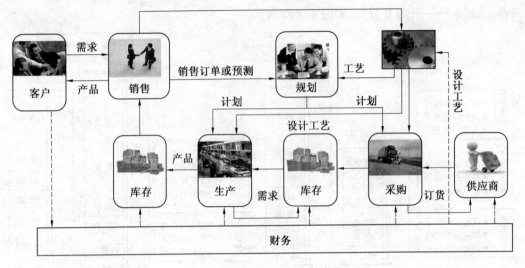

图 8.3　沙盘企业基本业务流程

8.3.1　如何确定产能

结合本沙盘企业的生产线及库存情况,可以计算出可承诺量(ATP),这就是选单的时候要牢记的。值得注意的是,ATP 并不是一个定数,而是一个区间,因为沙盘企业可以转产、紧急采购、紧急加建生产线、向其他沙盘企业采购。比如意外丢了某产品的订单,则需要考虑多拿其他产品的订单,可能需要转产;再比如,某张订单利润特别高,可以考虑紧急采购,紧急加建生产线或向其他沙盘企业采购产品来满足市场需要。产能的计算是选单的基础。

8.3.2　如何读懂市场预测

市场是沙盘企业经营最大的变数,是沙盘企业利润的根本源泉,其重要性不言而喻。因此,营销总监可以说是沙盘企业里最具挑战性的岗位。

下面以表 8.1 和图 8.4 尝试解读市场预测。

表 8.1　生产线类型和年初状态影响产能

生产线类型	年初在制品状态	各季度生产进度				产能
		1	2	3	4	
手工线	○○○	□	□	□	■	1
	●○○	□	□	■	□	1
	●●○	□	■	□	□	1
	○●●	■	□	□	□	2

续表 8.1

生产线类型	年初在制品状态	各季度生产进度				产能
		1	2	3	4	
半自动线	○ ○	□	□	■	□	1
	● ○	□	■	□	■	2
	○ ●	■	□	■	□	2
全自动/柔性线	○	□	■	■	■	3
	●	■	■	■	■	4

注：实心圆图标表示在制品；实心正方形图标表示产品完工下线，同时开始新的下一批生产。

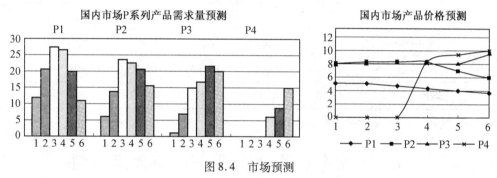

图 8.4 市场预测

P1 产品需求量在后 2 年快速下降，其价格也逐年走低。P2 产品需求一直较为平稳，前 4 年价格较稳定，但在后 2 年下降下迅速。P3 产品需求发展较快，价格逐年走高。P4 产品只在后 2 年才有少量的需求，价格和 P3 相比并没有特别的吸引力。

读懂了市场预测，结合产能还不足以制定广告策略，还要对竞争对手有正确的评估。沙盘企业竞争就是"博弈"，"知己知彼，百战不殆"。很多时候价格高，需求量充足，结果大家都一头扎进去抢单，其结果是恶性竞争，便宜了广告公司，所以往往看着是"馅饼"，可能是"陷阱"。

制定好了广告策略，需要对销售额、销售量、毛利有一个较为明确的目标。最直接的指标是

广告投入产出比＝订单销售额合计/总广告投入

即投入 1 元钱广告可以拿多少销售额。根据经验值，前两年比值为 5 左右是合理的，第 3 年后，8～10 是合理的。所以不能一味地抢市场领导者，狠砸广告，当时是风光了，但对沙盘企业整体经营是有害的。也不能一味节省广告费，拿不到单，利润何来？

8.3.3 如何确定生产计划和原料订购计划

获取订单后，就可以编制生产计划和原料订购计划。两者可以同时编制，以产 P2 为

例,其物料清单(BOM)为 R2+R3,其中 R2 订购提前为一季,R3 订购提前为二季。

由生产线排程表可知手工线第 3 季开始下一批生产,则第 2 季订一个 R2,第 1 季订一个 R3;第 3 季(即第 2 年第 2 季)开始新一批生产,需要在第 5 季(第 2 年第 1 季)订一个 R2,第 4 季订一个 R3。

以此类推,可以根据生产线类型及所生产产品类型计算出何时订购原料,订购多少。当然实际操作的时候还要考虑原料库存、转产、停产、加工费、原料到货付款等因素。

表 8.2 生产计划与原料订购计划

状态		时间(Q)					
		1	2	3	4	5	6
手工线	产品下线并开始新生产			■			■
	原料订购	R3	R2		R3	R2	
半自动	产品下线并开始新生产		■		■		■
	原料订购	R2	R3	R3	R3	R2	
自动线	产品下线并开始新生产	■	■	■	■		■
	原料订购	R2+R3	R2+R3	R2+R3	R2+R3	R2	
合计		2R2+2R3	2R2+2R3	2R2+R3	R2+3R3	3R2	

注:年初生产线有在制品在 1Q 位置。

8.4 沙盘企业资金管理——现金流控制

对于很多沙盘企业管理团队而言,有很多种情况可能会导致错误的判断,或者对于本企业产生误读,例如看到现金库资金不少,心中就比较放心;还有不少现金,可是却破产了;能借钱的时候就尽量多借点,以免下一年借不到。

以上几种想法或做法,是 ERP 沙盘经营中经常看到的,说明经营者对资金管理还不太理解。下面从沙盘企业资金管理的角度加以分析。

库存资金并不是越多越好,资金如果够用,甚至可以说少越好。资金从哪来?可能是银行贷款,这是要付利息的,短贷利率最低,也要 5%;也可能是股东投资,股东是要经营者拿钱去赚钱的,放在沙盘企业里闲置,不会有利润的;也可能是销售回款,放在家里白白浪费,不如放在银行,多少也有点利息。

现金不少,破产了,很多经营者这个时候会一脸茫然。破产有两种情况:一是权益为负,二是资金断流。现金尚多却破产,必是权益为负。权益和资金是两个概念,千万不要混淆,这两者之间有什么关系呢?从短期来看,两者是矛盾的,资金越多,需要付出的资金成本越多,反而会降低本年权益;长期看,两者又是统一的,权益高了,就可以从银行借更多的钱,要知道,银行最大的特点就是"嫌贫爱富"。沙盘企业经营,特别在初期,权益和资金两者之间相当纠结,要想发展,做大做强,必须得借钱、投资,但这时候受制于权益,借钱受到极大限制。可借不到钱,又如何发展呢?这可谓沙盘企业经营之初的"哥德巴赫猜想",破解了这个难题,经营也就成功了一大半。

在权益较大的时候多借点,以免来年权益降了借不到。这个观点有一定道理。但是也不能盲目借款,否则一段时间内会一直背着沉重的财务费用,甚至还不上本金。这不就是人们常讲的饮鸩止渴吗?

通过以上分析可以看出资金管理对沙盘企业经营的重要性。资金是沙盘企业日常经营的血液,断流一天都不可。如果将可能涉及资金流入流出的业务汇总,不难发现基本上涵盖了所有业务。如果将来年可能的发生额填入表中,就自然形成了资金预算表。预算出现资金断流,必须及时调整,看看哪里会有资金流入,及时补充。

通过前面的现金预算表不难发现,资金流入项目实在太有限了,而其中对权益没有损伤的仅有"收到应收款"。其他流入项目对权益均有负面影响。长短贷、贴现——增加财务费用;出售生产线——损失了部分净值;虽然出售厂房不影响权益,但是购置厂房的时候是一次性付款的,而出售得到的只能是4期应收款,损失了一年的时间,如果贴现也需要付费。

至此,了解了资金预算的意义,还要进行相应的行动。首先,保证沙盘企业正常运作,不发生资金断流,否则就是破产出局;其次,合理安排资金,降低资金成本,使股东权益最大化。

资金预算和销售计划、开工计划、原料订购计划综合使用,既保证各环节正常执行,又避免出现不必要的浪费(如库存积压、生产线停产、盲目超前投资等)。同时如果市场形势、竞争格局发生改变,资金预算必须动态调整,适应要求。资金的合理安排,为其他部门的正常运转提供了强有力的保障。

至此,大家应该了解财务的重要性了吧!他们为沙盘企业的动作保驾护航,再也不要随便责怪他们抠门了,他们难着呢,到处都是花钱的地方,不精打细算,估计用不了多久就会断流破产了。

8.5 沙盘企业成本费用及利润分析——为何不赚钱

表 8.3 和表 8.4 所列是某沙盘企业 6 年综合费用表和利润表(数据来源于电子沙盘,初始现金为 60M)。

表 8.3 某沙盘企业综合费用表

项目/年度	第1年	第2年	第3年	第4年	第5年	第6年
管理费	4	4	4	4	4	4
广告费	0	6	9	8	12	14
维修费	0	3	5	5	5	5
损失	0	7	0	0	0	0
转产费	0	0	0	0	0	0
厂房租金	5	5	5	5	5	5

续表 8.3

项目/年度	第1年	第2年	第3年	第4年	第5年	第6年
新市场开拓	3	1	0	0	0	0
ISO 资格认证	1	1	0	0	0	0
产品研发	4	3	3	0	0	0
信息费	0	0	0	0	0	0
合计	17	30	26	22	26	28

表 8.4 某沙盘企业利润表

项目/年度	第1年	第2年	第3年	第4年	第5年	第6年
销售收入	0	39	85	113	163	137
直接成本	0	18	33	46	75	67
毛利	0	21	52	67	88	70
综合费用	17	30	26	22	26	28
折旧前利润	−17	−9	26	45	62	42
折旧	0	0	10	16	16	16
支付利息前利润	−17	−9	16	29	46	26
财务费用	0	4	12	17	10	12
税前利润	−17	−13	4	12	36	14
所得税	0	0	0	0	5	3
年度净利润	−17	−13	4	12	31	11

比较后不难发现,该沙盘企业除第 5 年以外,其余年份业绩平常,从第 3 年起,销售收入增长较快,但利润增长乏力。说白了就是干得挺辛苦,就是不赚钱。

8.5.1 成本费用分析——钱花哪儿去了

将沙盘企业各年度成本汇总,如图 8.5 所示,纵轴上 1.00 代表当年的销售收入总额,各方块表示各类成本分摊比例。如果当年各方块累加高度高于 1.00 表示亏损,低于 1.00 表示盈利。

考虑到第 1 年没有销售,因此列出的数据从第 2 年起;经营费=综合费用-管理费-广告费。

第 2 年经营费比较高,主要因为出现 7M 损失,查找经营记录,原来是高价向其他沙盘企业采购 3 个 P2,说明选单发生了重要失误或者生产和销售没有衔接好。直接成本也较高,主要是因为订单的利润也不好。

第 3 年、第 4 年经营基本正常,也开始略有盈利,沙盘企业逐步走上正轨,但是财务费

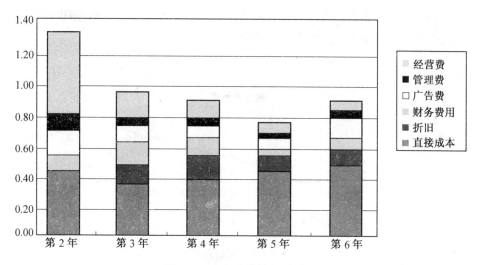

图 8.5 各年度成本汇总

较高,说明资金把控能力还不足。

第 5 年利润较好,但直接成本较高,毛利率不理想,说明对市场研究不透彻。

第 6 年广告有问题,其效果还不如第 5 年,毛利率也不理想。

8.5.2 产品毛益贡献程度——生产什么最划算

将各类成本按产品分类,如图 8.6 所示,比较 P2 和 P3。这里要注意,经营费、财务费的分摊比例并不是非常明确,可以根据经验来确定。

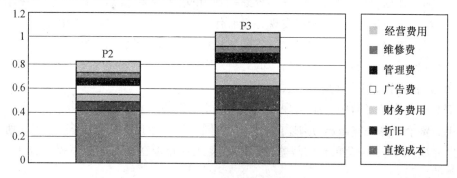

图 8.6 不同产品贡献毛益

从图中不难发现 P2 比 P3 赚钱。P3 的直接成本高,看来产品的毛利润不理想;同时分摊的折旧比例不高,主要是因为生产 P3 生产线的建成时机不好,选在第 3 年第 4 季建成,导致无形中多提了一年折旧,可以考虑缓建一季,省一年折旧。

控制成本还有很多好方法,如果有兴趣,可以参看本书后面的章节。

8.5.3 本量利分析——盈亏平衡点量是多少

销售额和销售数量呈正比。而沙盘企业成本支出分为固定成本和变动成本两块,固定成本和销售数量有关,如综合费用、折旧、利息等。

如图8.7所示,成本曲线和销售金额曲线交点即盈亏平衡点。根据图8.7,可以分析出,盈利不佳是因为成本过高或者产量不足。

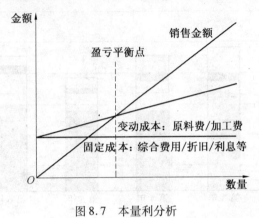

图8.7 本量利分析

8.6 沙盘企业经营战略规划——谋定而后动

沙盘企业所拥有的资源是有限的,如何分配这些资源,使沙盘企业价值最大,即目标和资源之间必须是匹配的。作为一家沙盘模拟企业,在ERP沙盘经营中经常碰到如下情境:

(1)盲目建了3条,甚至4条自动或者柔性线,建成后发现流动资金不足,只好停产。
(2)脑子发热,盲目投放广告好不容易抢到"市场领导者",却在第2年拱手相让。
(3)在某个市场狠砸广告,却发现并没有什么竞争对手,造成极大地浪费。
(4)还没搞清楚要生产什么产品,就匆匆忙忙采购了一批原料。
(5)开发了市场资格、产品资格,却始终没用上。
(6)销售不错,利润就是上不去。

ERP沙盘模拟经营中为了实现战略规划,最有效的工具就是做长期资金规划,预先将6年的资金预算一并做出,形成了资金规划;同时将6年预测财务报表、生产计划、采购计划也完成,形成了一套可行的战略。ERP沙盘经营必须在经营之初就做出如下几个战略问题的思路:

(1)沙盘企业的经营目标——核心是盈利目标,还包括市场占有率、无形资产占用等目标。
(2)开发什么市场?何时开发?
(3)开发什么产品?何时开发?
(4)开发什么ISO认证?何时开发?
(5)建设什么生产线?何时建设?
(6)融资策略是什么?

事先需要形成数套战略,同时在执行的过程中做出动态调整,可以根据图8.8所示的思路制定线路。

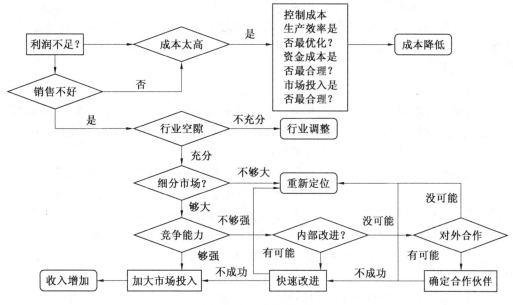

图 8.8　经营战略调整

有两点要引起重视：一是在战略的制定和执行过程中，永远不要忘记对手，对手的一举一动都会对自身产生重要影响；二是前 3 年是经营的关键，此时沙盘企业资源较少，战略执行必须步步为营，用好每一分钱。

8.7　沙盘企业实战经营战略

下面将沙盘运营流程中每一个步骤进行分解，逐一对所涉及的战略战术进行分析探讨。

8.7.1　新年度规划会议——战略选择和规划

新年度计划会议，是一个队伍的战略规划会，是一个沙盘企业的全面预算会，是运筹帷幄的决策会。可以对照沙盘经营流程表，将沙盘企业一年要做的决策都模拟一遍，从而达到"先胜而后求战"的效果。

1. 凡事预则立，不预则废

没有好的预算，没有走一步看三步的眼光，只能是"哥伦布"式的管理。走到哪里？不知道！去过哪里？不知道！要去哪里？不知道！这样"脚踩西瓜皮——溜到哪儿算哪儿"的决策方式，很难在沙盘比赛中取得好成绩。

2. 用数据说话

在沙盘里，这是最重要的法则之一。凡事要经过数据检验，制定大的战略，更要经过严谨周密的计算，提供翔实可靠的数据以支持决策。

3. 知己知彼，百战不殆

在沙盘比赛中，总会设置一个环节让大家相互巡盘（间谍功能）。这样设置的目的就是为了让大家可以做到知己知彼的状态。竞争对手的市场开拓、产品选择、产能大小、现金的多少等都是我们必须关注的,简单来说,了解竞争对手的沙盘企业要像了解自己的沙盘企业一样。只有这样,才能够准确地推断出竞争对手的战略意图,从而采取相应的策略进行有效地阻击。

4. 细节决定成败

张瑞敏打造海尔——相信大家都听过这个成功的案例,同时他对细节孜孜不倦的追求,也正是海尔由一个濒临破产的企业成长为中国标志性的跨国企业的重要核心因素。同样,在沙盘企业模拟经营过程中,也必须从细节入手。

无论是在平时上课还是在比赛过程中,经常是因为点多了一步操作,或是因为算错了一个数字,或是不小心忘记了某个操作……很多人觉得这些"失误"都是微乎其微的,不是真正实力的体现,即使错了,也无关大局,下次注意改正就好。其实不然。关注细节,是一种习惯,要从平时点滴中慢慢积累培养出来。很多时候我们会说我们队运气不好,我们队因为某个小错误失败太可惜了。但追究其根本,都是因为在细节上没有把握好,犯了"致命的错误",导致满盘皆输。

人们经常说:一个好的财务(计算)可以保证公司不死,一个好的市场(博弈)可以让公司壮大。在前几个条件差不多的情况下,那么不犯错误或者少犯错误的队伍就可以获得冠军了,到了高水平的巅峰对决,比的就是细节的把握和掌控。

5. 因势利导,随机应变

在比赛过程中,无论前期做了多么仔细、精确的预算和规划,还是随时可能发生预想不到的情况。比如,实战中就经常由于没有逐一查看订单中产品的交货期而导致选错了订单,还有遇到由于网络问题导致无法选单等各种各样的突发状况。这些突发状况都是事先无法预测,但是又无法回避的现实问题。遇到这些突发状况时,有的团队就乱了阵脚,不知如何是好,垂头丧气,甚至放弃比赛,而一只真正成熟的团队,应该具备"泰山崩于前而面不改色"的心理素质,更重要的是可以及时地分析时局,因势利导,随机应变地处理突发状况。只有这样才能在复杂的竞争环境中保持团队的战斗力,才能在随时变化的时局中嗅出制胜之道,才能在危机出现时转危为安。

8.7.2 广告投放

1. 该不该抢"市场老大"

笔者曾经在"沙盘论坛"上做了一个调查,第一年,你愿意花多少广告费去抢"市场老大"?结果 8M~9M 广告费的占 9.09%;选择 10M~12M 广告费的占 59.09%;选择 13M~15M广告费的占 27.27%,选择 16M~18M 广告费的占 4.55%。由此可见,大家普遍选择 10M~15M 广告费之间。这难道是巧合吗?实际上仔细算一笔账就会发现抢"市场老大"的成本怎样最划算。

首先,将"市场老大"所带来的优势做一个时间假设。经常做沙盘比赛的人都知道,通常由于市场逐渐拓展和产品种类的丰富,产品需求量在后两年会大幅增加,因此"市场老大"的真正价值也就是在于前四年的市场选单。暂且把第 2 年的"市场老大"效应算到第 4 年的市场选单,意味着如果第 1 年投入的抢"市场老大"的广告费为 11M,后期每年投 2M 在这个市场拿两种产品的订单,3 年来在这个市场总投入 15M 广告费,平均在这个市场广告费为每年 5M,那么必须考虑,如果将这 5M 的广告费分散投放在不同的产品市场,获得的订单是否会优于我们抢"市场老大"的情况呢?时间证明,在各沙盘企业的产能都比较少、市场竞争不激烈的情况下,5M 完全可以很顺利地将产品卖完。这时如果不经过周密的计算,猛砸广告费去抢"市场老大",显然是有点得不偿失的。相反在各组产能都很高、竞争非常激烈的情况下,"市场老大"的优势才能逐渐被体现出来。另外,规则告诉我们,"市场老大"是指该市场上一年度某市场所有产品总销售额最多的队,有优先选单的权利。在没有老大的情况下,根据广告费多少来决定选单次序。于是很多人就存在一个误区,以为市场老大就是比谁的广告费多。其实不然,"市场老大"总比较的是整个市场的总销售额,而非一个产品的单一销售量。举例说明:甲公司只有 P1 产品,而另外一家乙公司拥有 P1,P2 两种产品,那么在选单过程中,即使最大的 P1 订单是被甲公司购得,但只要乙公司 P1 和 P2 两种产品的销售总额大于甲公司,那么无论甲公司投入多少广告费,"市场老大"仍然不是甲公司的。这就要求我们在抢"市场老大"的时候,不能只考虑"蛮力"猛砸广告费,更要考虑用"巧劲",靠合理的产品组合赢来"市场老大"。

市场老大是把双刃剑,用得好了,威力无穷;用得不好,也很可能"赔了夫人又折兵"。因此到底要不要抢"市场老大",以多少广告费抢"市场老大",以一个什么样的产品组合抢"市场老大",这些都是需要经过严密的计算然后再做博弈的。

2. 该投多少广告费

广告怎么投?投多少?这往往是沙盘练习中经常遇到的一个问题,因此很多人希望得到一个"秘籍"、一个"公式"或者一个方法,可以套用并保证准确。其实在沙盘比赛过程中,几个队伍真正博弈交锋的战场就是在市场的选单过程中,产品的选择、市场选择都集中反映在广告费投放策略上。兵无定势,水无常形,不同的市场、不同的规则、不同的竞争对手等一切内外部因素都可能导致广告投放策略的不同。因此要想找一个公式从而做到广告投放的准确无误,确实很难。那是不是投放广告就没有任何规律可循呢?当然不是!很多优秀的营销总监都有一套广告投放的技巧和策略。下面先探讨一下关于广告投放的一些基本考虑要素,从而更好地做好广告投放。当然还是那句话,没有绝对制胜的秘籍,下面提供的方法仅供参考。

通常拿到一个市场预测,首先要做的就是将图表信息转换成更易于读识的数据表。通过这样"数字化"转换以后,可以清晰地看到,各个产品、各个市场、各个年度的不同需求和毛利。通过这样的转换,不仅可以清晰地看到不同时期市场的"金牛"产品是什么,以帮助战略决策。更重要的是,通过市场总需求量与不同时期全部队伍的产能比较,可以分析出该产品是"供大于求"还是"供不应求"。通过这样的分析,就可以大略地分析出各个市场竞争的激烈程度,从而帮助广告费的制定。另外,除了考虑整体市场的松紧情况,还可以将这些需求量除以参赛的队数,就可以得到一个平均值。那么在投放广告时,如果你打算今年出售的产品数量大于这个平均值,意味着你可能需要投入更多的广告费用去抢别人手里的市场份额。反过来,如果打算出售的产品数量小于这个平均值,那么相对来说可以少投入一点广告费。

除了刚才说的根据需求量分析以外,广告费的投放还要考虑整体广告方案,吃透并利用规则:若在同一产品上有多家沙盘企业的广告投入相同时,则按该市场上全部产品的广告投入量决定选单顺序;若市场广告投入量也相同,则按上年该市场销售额的排名决定顺序。如果在某一市场整体广告费用偏高,或者在前一年度销售额相对较高的情况下,可以适当优化部分产品的广告费用,从而达到整体最佳。各产品价格、数量、毛利如表8.5所示。

表8.5 产品价格、数量、毛利

			本地	区域	国内	亚洲	国际	合计	每队平均
第6年	P1	单价	6	6	6.28	6	5.9		
		数量	87	62	59	59	79	346	13.307 69
		毛利	4	4	4.28	4	3.9		0
		总毛	348	248	252.52	236	308.1	1 392.62	53.562 31
									0
	P2	单价	6.74	6.68	6.52	6.71	7.27		0
		数量	57	50	48	45	48	248	9.538 462
		毛利	3.74	3.68	3.52	3.71	4.27		0
		总毛	213.18	184	168.96	166.95	204.96	938.05	36.078 85
									0
	P3	单价	8.39	7.77	7.84	7.92	8.25		0
		数量	60	45	47	40	40	232	8.923 077
		毛利	4.39	3.77	3.84	3.92	4.25		
		总毛	263.4	169.65	180.48	156.8	170	940.33	36.166 54
									0
	P4	单价	9.35	9.72	9.14	9.62			
		数量	23	30	33	43		129	4.961 538
		毛利	4.35	4.72	4.14	4.62	—5		0
		总毛	100.05	141.6	136.62	198.66	0	576.93	22.189 62
									0
							总合计	4 802.93	184.728 1

8.7.3 参加订货会选订单/登记订单

在选单环节之前,通常要先计算好自己的产能,甚至到每个季度可以产多少产品,有多少产品是可以通过转产来实现灵活调整的。在对自己的产能情况了如指掌后,通过分析市场预测,大概确定出准备在某个市场出售多少个产品,同时决定相应的广告费。

在所有组的广告投放完之后,可以通过短暂的一两分钟时间快速地分析出自己在各个市场选单的次序。这时候需要对比分析原来设计的产品投放安排,根据各个市场选单排名做出及时的调整,以保证自己可以顺利实现最大化的销售目标。

由于前期发展的需要,建议以尽可能多的销售产品为目标。在后期,由于市场和产品的多样化,以及部分沙盘企业的破产和倒闭,有可能导致市场竞争形势减弱。在这样的情况下,很多时候只要投1M就有可能"捡到"一次选单机会,这时"卖完"已经不是沙盘企业最重要的任务,而更多地应该考虑怎么将产品"卖好"。到了后期强队之间的权益可能只相差几百万,而大家每年最多都只能产出40个产品,这个时候如果可以合理地精选单价高的订单,很有可能造成几百万甚至上千万的毛利差距。

8.7.4 支付应付税

所得税在用友 ERP 沙盘中是一个综合概念,大概可以理解成模拟的沙盘企业经营盈利部分所要交的税费。交所得税满足的两个条件是:

(1)经营沙盘企业的上一年权益加今年的税前利润大于模拟沙盘企业的初始权益。

(2)经营当年盈利(税前利润为正)。

下面是关于所得税的算法。

如果上一年度,沙盘企业权益没有达到初始权益,则

$$应缴所得税=(税前利润+上一年末权益-初始权益)\times 税率$$

如果算出来这个数为非整数,则将小数点后面的数字去掉(如果算出来的是 0.X,则意味着今年可以不用交税,即向下取整,可以理解为政策优惠)。

针对电子沙盘:如果首次出现应该交税的情况(即首次税前利润+上一年末权益-初始权益>0),但是又因为应缴税算出来只有 0.X 而不用缴纳的话,那么今年本来应该交税部分的净利润会累积到明年的税前净利中,与明年的税前净利累加来计算税费。

例如,一个沙盘企业,初始权益为 60M,去年年末的权益为 57M,今年税前利润为 6M,税率为 25%。那么,根据规则

$$税前利润(6)+上年年末权益(57)-初始权益(60)=3>0$$

该沙盘企业开始要交税。

交多少呢? 根据公式

$$所得税=(税前利润+上一年年末权益-初始权益)\times 税率$$

可以计算出为 0.75。根据规则,向下取整,则意味着今年可以不用交税。但是请注意! 这里是很多老手都容易忽略,或者不清楚的。如果是在创业者电子沙盘环境中的话,那么这 3M 的应税利润是不是真地可以避税了呢? 答案是否定的。如果下一年,该沙盘企业盈利为 7M,那么按规则,应该是 7×25% = 1.75,即只要交 1M。但是,由于电子沙盘系统里上年末未扣税,那么系统会将这上一年应税利润 3M 加上今年的 7M,即 10M×25% = 2.5M 来计算今年的税。因此,今年的所得税为 2M,而不是 1M。如果已经扣过税,比如今年已缴纳了 2M 的税,按计算来说,其实还有 2M 的税前利润是没有缴税的。如果明年的税

前利润是6M,需要交多少税呢?由于今年已经进行了所得税结算,所以本来今年应交的0.5M的税被免除了。第二年即使税前利润是6M仍然只要交1.5M(根据规则向下取整后为1M)的税,而无须加上今年的0.5M。

合理"避税"。了解清楚应缴税是如何计算之后,自然就会想到利用规则里"应缴税向下取整"这一优惠政策,进行合理避税。假设系统采用25%的税率政策,通过预算发现当年应缴税利润是4M的倍数时,可以在当年进行一次贴现操作,主动增加1M的贴息,从而使得应税利润可以减少1M,利用向下取整规则可以在本年避税1M。这样的效果就相当于将1M的税费变成了1M的财务费用,对于最终的权益是不会有影响的,但是通过贴现把应收款变成了现金,增加了资金的流动性,保证了年初的广告费的充裕。但请注意,如果这个沙盘企业当年没有缴纳过税的话,3M的应税利润会滚动到下一年,跟下一年的税前利润相加后扣税。

最后,再说说交税的时间。在沙盘中,税费是在年底算出来的,但是税款不是在当年结束时支付的,因此报表里"应缴税"那一项是在负债里面体现的。直到第2年投放广告费的时候,应缴税款会连同到期长贷和长贷利息一起支付扣减,这在电子沙盘里有明确的提示。有的组在投放广告时系统提示说现金不足,无法投放广告,原因就是忘记除了广告费用以外,还要扣减税费、长贷利息和到期长贷。

8.7.5 申请、更新长短贷,支付利息

融资策略不仅直接关系沙盘企业财务费用的多少,更重要的是直接影响沙盘企业的资金流。由于没有合理安排好长短贷的融资策略,结果要么被高额的财务费用吃掉了大部分的利润,要么因为还不起到期的贷款而导致现金断流、沙盘企业破产。以贷养贷策略如图8.8所示。

在分析融资策略之前,必须明确几个基本概念。贷款的目的是为了赚钱,通俗地说就是:利用借来的钱赚比你所要支付的利息多的钱。那么这个时候只要允许,借的越多就意味着赚得越多;相反如果赚的钱还不够支付利息,那么借的越多就亏得越多。这个概念就是财务管理的ROA、ROE关系中利率的财务杠杆作用,因此可以简单分析出,不贷款绝不是经营沙盘企业最好的策略。

那么什么样的贷款融资策略才是合理的呢?长贷用来做长期投资,比如新建厂房和生产线、市场产品的研发投资等;短贷用来做短期周转,比如原材料采购、产品加工费用等。这样自然是最稳妥的方法,但是在高水平的沙盘比赛中,如果仅仅采用这样保守的方案,不一定可以获得最大的收益。

由于规则规定的长贷利率通常比短贷利率高,因此,尽量多地使用短贷的方式来筹集资金,可以有效地减少财务费用。在短贷的具体操作上,有一个技巧,可以从图8.9中看出来——第二年贷款,就是每个季度分别贷20M。这样做的好处就是,只要可以保证沙盘企业的权益不下降,那么次年在还掉年初第1季度到期的20M的短贷后,立即又可以申请20M的短贷,用来保证第2季度到期的20M短贷还款,如此反复,类似一个滚雪球的过程,只要沙盘企业权益不下降,就可以保证贷款额度不减少,从而保障以贷养贷策略的顺利循环。

现金预算表（第2年）				
期初库存现金	11			
市场广告投入	2		应收登记	
支付上年应交税				
支付长贷利息	1			
支付到期长期贷款				
新借长期贷款	30			
贴现所得				9
季初库存现金	38	36	34	18
利息（短期贷款）			1	
支付到期短贷			20	
新借短期贷款	20	20	20	20
原材料采购支付现金			14	10
厂房租/购				
转产费				
生产线投资	20	20	5	
工人工资			4	4
收到现金前所有支出	20	20	44	14
应收款到期				
产品研发投资	1	1		
支付管理费用	1	1	1	1
设备维护费用				8
市场开拓投资				3
ISO资格认证				1
其他				5
季末库存现金余额	36	34	9	6

现金预算表（第3年）				
期初库存现金	6			
市场广告投入	9		应收登记	
支付上年应交税				
支付长贷利息	4			
支付到期长期贷款				
新借长期贷款				
贴现所得	56	21	22	27
季初库存现金	49	22	22	44
利息（短期贷款）	1	1	1	1
支付到期短贷	20	20	20	20
新借短期贷款		20	20	20
原材料采购支付现金	12	15	15	15
厂房租/购	5			
转产费				
生产线投资	5			
工人工资	4	5	5	5
收到现金前所有支出	47	41	41	41
应收款到期			17	
产品研发投资				
支付管理费用	1	1	1	1
设备维护费用				10
市场开拓投资				2
ISO资格认证				2
其他				
季末库存现金余额	1		17	8

图8.8 以贷养贷策略

但这也是风险相当高的一种贷款模式，因为稍有不慎，出现经营失误，或者由于预算不准，导致权益下降，那么紧接着贷款额度的下降导致企业还了贷款后无法用新的贷款来弥补资金链上的空缺，就会出现现金断流而破产的局面。

另外如果前期大量使用长贷，也会导致财务费用过高，从而大量侵蚀了沙盘企业的利润空间，从而使得沙盘企业发展缓慢。也有的组一开始就拉满长贷，等到了第6年要还款的时候，无法一次性筹集大量现金，而导致现金断流而破产。

但这并不是说全部长贷策略就一定失败。如果可以充分利用长贷还款压力小的特点，前期可以用大量的资金扩充产能、控制市场和产品，那么拼接前期超大产能和市场的绝对控制权，打造出不俗的利润空间，加上利用削峰平谷的分期长贷的方式(一部分到第4年还款，一部分到第5年还款)，也可以达到让人意想不到的效果。

因此沙盘企业整体战略决策加上精准的财务预算，是决定长短贷比例的重要因素。只要合理调节好长短贷比例，把每一分钱都投入到最需要的地方，让它变成盈利的工具，就可以让借来的钱创造出更多的利润。

8.7.6 原料更新/入库下原料订单

1. 零库存管理

关于原材料的计算、采购计划排程,是 ERP 的核心内容之一,也是影响一个沙盘企业资金周转率的重要因素,以丰田汽车为首的汽车制造沙盘企业零库存管理方法得到了很多人的推崇,创造了超额的效益。

为什么要推崇零库存管理?因为资金是有时间成本的。简单地说,在沙盘企业经营中通常会有贷款,那就意味着用来买原材料的钱是需要支付利息的,而在沙盘模型中,原材料库存本身是不会获取利润的。因此原材料库存越多,就意味着需要更多的贷款,而增减的这部分贷款会增加财务费用的支出,同时降低资金周转率。因此减少库存是沙盘企业实施的一项重要举措。

沙盘模型中产品的物料清单是确定不变的,且原材料采购时间周期也是确定的,因此也可以通过明确的生产计划,准确地计算出所需原材料的种类数量,以及相应的采购时间。例如,P2 产品的原材料是由 R2+R3 构成,那么假设需要在第 4 季度交 1 个 P2 产品,如果是自动的话,那么意味着第 3 季度就必须上线开始生产。这个时候需要 R2 和 R3 原材料都到库。由于 R2 原材料需要提前一个季度采购,R3 原材料需要提前两个季度采购,因此,我们需要在第 1 季度下 1 个 R3 原材料订单,在第 2 季度下 1 个 R2 原材料订单。这样就可以保证在 P2 第 3 季度需要上线生产时正好有充足原材料,同时才可以保证第 4 季度产品 P2 产品生产下线,准时交货。

这就是最基本的生产采购排程,通过精确排程计算,要做到下每一个原材料订单的时候明白这个原材料是什么时候做什么产品需要的。这样才可以实现即时制管理实现零库存的目标。

2. "百变库存"管理

在实现"零库存"管理后,说明沙盘企业管理者已经可以熟练掌握生成排程的技能。但是"零库存"是基于将来产品产出不变的情况下做的安排,而实际在沙盘比赛中,经常利用柔性线转产来调整已有的一些生成计划。因此追求绝对的"零库存",就暴露出一个问题:不能根据市场选单情况及时灵活地调整生产安排。因此在有柔性线的情况下,原材料采购计划应该多做几种可能性,取各种采购方案中出现的原材料数额的最大者。

例如,现有一个柔性生产线,在第 2 年第 1 季度有可能需要上线生产 P2 产品,也有可能上线生产 P3 产品。P2 产品由 R2+R3 构成,P3 产品由 R1+R3+R4 构成。在这种生成安排不确定的情况下,通过分析可以发现,要在第 2 年第 1 季实现任意产品的转换,需要在第一季保证 R1、R2、R3、R4 四种原材料都有一个,这样才能保证生产线可以根据市场接单情况任意选择 P2 或 P3 开工生产。

因此要想充分发挥柔性生产线的转产优势,必须做好充分的原材料预算,将市场可能出现的拿单情况进行多种可能性分析。提前在第 1 年的第 3、第 4 季度的原材料采购订单就做好转产库存的准备,同时在第 2 年的第 1、第 2 季度减少相应的原材料订单,从而将上一年多订的预备转产的原材料库存消化掉。

做好原材料的灵活采购计划、"百变库存"管理,是保证后期的机动调整产能、灵活选取订单的基础,同时需要兼顾资金周转率,才能发挥出柔性生产线最大的价值。

8.7.7 购买/租用厂房

1. 租厂房与买厂房

规则规定厂房不考虑折旧,如果购买了厂房,只是将流动资产的现金变成了固定资产的土地厂房,资产总量上并没有变化。而且通过购买厂房的方式,可以节约房产的租金。因此如果是在自有资金充裕的情况下,购买厂房比租厂房更划算。

另外,如果规则中长贷的利率是10%,短贷的利率是5%;大厂房的购买价格是40M,租金5M/年,小厂房的购买价格是30M,租金3M/年。假设用贷款去买厂房的话,用长贷购买大厂房所需支付利息为4M,小厂房为3M。用短贷购买大厂房所需支付利息为2M,小厂房1.5M,且贷款利息是第二年支付的。那么很显然,无论哪种方式的贷款买厂房都是不亏的。

在第1年初始条件下,不仅有初始资金,还有充足的贷款额度,因此在第1年布局阶段,通常不会出现资金紧张的局面。而第1年末的权益会直接影响第2年沙盘企业的贷款额度,所以第1年往往会减少费用的支出,想办法控制权益的下跌。根据上述分析我们不难看出,第1年开始即使利用银行贷款来购买厂房,也会减少厂房租金的费用支持,对权益的保持是非常有帮助的。当然,如果希望第1年大规模铺设生产线,购买厂房可能导致资金不足。

2. 大厂房与小厂房

根据规则,大厂房可容纳6条生产线,小厂房可以容纳4条生产线。在开局阶段选择怎样的厂房开始生产,也是谋篇布局所要考虑的问题之一。

根据刚才的分析,第1年厂房选择购买的方式,以减少权益的损失。那么即使第2年初就出售,从第2年开始,小厂房每年租金比大厂房少2M。以小厂房起步,为增加生产线第3年租用大厂房,那么会导致第3年厂房总租金将达到8M,比纯租大厂房多了3M。因此,如果在战略规划上,第3年末计划建设生产线在5~6条,那么开始就租大厂房3年下来只需要10M(0M+5M+5M)的租金,而如果用小厂房的话,则需要11M(0M+3M+8M)的租金。

所以选择大厂房起家还是小厂房起家,要根据初始资本、市场环境等因素先做合理的产能扩张计划,然后根据沙盘企业整体长远战略规划来选择相应更具性价比的厂房策略。

3. 厂房出售与购买

规则提供了两种处理厂房的方式:一种是出售厂房,将厂房价值变成4个账期的应收款,如果厂房内还有生产线的话,那么将会扣除厂房租金。另一种是通过厂房贴现的方式,相当于直接将厂房出售后的4个账期应收款贴现,同时扣除厂房租金。

从本质上来说,两种厂房处理方式都一样,但是,由于贴现的应收款账期不用,贴息也是不同的,因此如果可以预见到资金不够需要厂房处理来变现,那么可以提前两个季度出售厂房(厂房买转租)。那么需要现金的时候,原来4Q的应收款,就已经到了2个账期的应收款,这个时候贴息也就由12.5%降低为10%,可以有效地节省出1M的厂房贴现费用。

另外,很多沙盘企业在后期有钱了,想买厂房的时候,发现总是不能租转买。其实是因为厂房租金是先扣再用的,例如,第 5 年的租金,可能第 1 季度就扣掉了,而到了第 2 季度的时候想租转买,是无法执行的。因为第 5 年全年的租金已经支付。只能等到第 6 年的第 1 季度的厂房处理的时候,将厂房由租转买。相反出售厂房,或者厂房买转租则没有这样的限制,每个季度到厂房处理步骤时都可以处理。

8.7.8 新建/在建/转产/变卖生产线

1. 生产线的性价比——用数据说话

做沙盘的基本功就是计算,正确的决策背后一定是有一系列的数据做支撑的。套用经常说的一句话:要用数据说话。下面就生产线的性价比进行一番讨论,看看究竟怎样安排生产线才最划算。

一般规则中手工线生产一个产品需要 3 个周期,半自动线需要 2 个生产周期,全自动线和柔性线仅需要 1 个生产周期。那么可以得出 3 条手工线的产能等于 1 条自动线的产能。而设备购买价格 3 条手工线需要 15M,同样 1 条自动线也是 16M,每年的维修费中,3 条手工线需要 3M 的维修费,1 条自动线只需要 1M 的维修费;3 条手工线比自动线多占了 2 个生产线的位置,按照生产线的数量分摊厂房租金,3 条手工线分摊的厂房租金是 1 条自动线分摊的厂房租金的 3 倍。

同样,2 条半自动线产能等于 1 条自动线产能。2 条半自动线的购买需要 16M,而 1 条自动线的购买需要 16M,同时 2 条半自动线的折旧比自动线的折旧少 1M,2 条半自动线的维修费每年比 1 条自动线的维修费多 1M。

柔性线与自动线的性价比:1 条柔性线购买价格是 24M,1 条自动线的购买价格是 16M,1 条柔性线的购买价格比 1 条自动线购买价格高 8M,柔性线的残值比自动线的残值高 2M,基于这两方面的比较,柔性线比自动线价格高 6M。从规则中知道,柔性线的优势在于转产,假设自动线转产一次,需要停产两个周期,同时支付 4M 的转产费;柔性线转产时,没有转产周期,所以可以比自动线多生产出两个产品,自然更具优势。

通过比较,从性价比角度出发,柔性线是最具性价比的;如果同一条生产线需要转产次数在两次或两次以上,使用柔性线是最好选择。利用柔性线可以随意转产的特性,可以集中生产某产品,从而灵活调整交单的顺序和时间,最大限度避免了贴现。

同样的道理,沙盘中还有很多细节,都是可以通过计算的,将未知变成已知,将不确定变成确定。

2. 手工的妙用

经过刚才分析,是不是意味着手工线就没有任何用途了呢?其实不然,手工线隐藏着另外一个非常神秘且重要的作用——救火突击队。在选单过程中,偶尔会遇到订单的数量比较实际产能大了一两个产品,很可能就因为这一两个产品导致放弃整张订单。

其实这个时候,可以选择紧急采购一个成品,来弥补这个产能空缺。另一种方法,就是利用手工线即买即用的特点,在厂房生产线有空余的情况下,第 1 季度买一条手工线,那么通过 3 季度的生产,可以在第 4 季度生产出一个产品用来交货,同时将空置的手工线立即出售。

通过突击增加手工线的方法,当年购买当年出售,不需要交维修费,即利用手工线紧急生产造成了 4M 的毛利,但是这样的方法比直接紧急采购产品要经济实惠得多。但注意,这个方法在使用前,必须清楚原材料是否充足,如果另外还需要紧急采购原材料的话,那么还需要仔细算算到底如何处理更有效。

8.7.9　紧急采购

紧急采购是相对不起眼的一个小规则,甚至很多队伍最初都将这个规则忽略了,认为一旦涉及紧急采购,就是亏本的买卖,不能做,事实上,恰恰是这么一个不起眼的规则,在市场选单和竞单过程中,可以发挥出奇兵的重要作用。

例如,在选单过程中,第 5、第 6 年的国际市场,P1 产品均价达到 6M,而这个时候,P1 产品的紧急采购价格也是 6M,这就意味着,选单时如果出现大单而自己产能不够时,完全可以利用紧急采购来补充这部分的产品差额。另外还可以利用这样类似代销的模式,扩大在该市场的销售额,从而帮助沙盘企业抢到"市场老大"的地位,别的产品也是如此,通过紧急采购可以无形中扩大自己的产能,达到出其不意的战术效果。

另外在竞争中,由于产品做大销售价格可以是该产品直接成本的 3 倍。因此如果接到的订单是直接成本的 3 倍的价格,那么即使自己的产能不够,也可以利用紧急采购来弥补,同时因为紧急采购是随时可以购买,即买可以即卖,所以还可以再交货期上占有一定优势。

但是要注意,用紧急采购来交货并不是没有副作用的,即使在成本上没有亏损,也会导致把现金变成了应收款。因为在使用该方法时要先做好预算,看现金流是否可以支撑。

8.7.10　按订单交货

合理安排订单交货时间,配合现金预算需要,可以起到削峰平谷、减少财务费用的效果。通常来说,产出了几个就按订单交几个,尽量多地交货。但是有的时候,还应该参考订单的应收款账期来交货,使得回款峰谷与现金支出的谷峰正好匹配。

例如,已经获得了两张订单:其中一张订单为 4 个 P_1,总额为 20M,账期为 3Q;另外一张订单为 3 个 P1,总额为 15M,账期为 2Q。假设有 2 条自动线,第 2 季度正好生产出了 4 个 P1 产品可以用于交货,而通过预算发现,第 4 季度的研发费和下一年的广告费不足,可能会导致资金断流。这个时候,如果交的是 4 个 P1 的订单,那么很显然,在第 4 季度时销售货款还是 1 账期的应收款,如果现金周转不灵,必须通过贴现的方式将应收款变现,这样显然会增加财务费用。但是,如果第 2 季度不是产多少交多少,而是充分考虑订单的应收款账期限,在预算到第 4 季度的财务压力后,先交 3 个 P1 的订单,那么在第 4 季度就可以将 15M 的应收款收回,这个时候正好可以填补支出研发费、广告费等费用造成的现金低谷,从而避免了贴现造成的财务费用。

因此合理安排订单交货时间和次序,关注订单的应收款账期,通过细致的预算和资金筹划,可以起到很好的节流效果。

8.7.11 产品研发投资

在实际中,经常会发现,有的沙盘企业一上来还没考虑建生产线,就先投资研发产品,结果产品研发完成了,可是生产线还没建成,导致无法正常生产;也会出现有的沙盘企业生产线早早就建好了,但是因为产品研发没完成,导致生产线白白停工,无法投入正常的生产。

产品研发是按季度投资研发的,生产线的投资也是按季度投资建设的。那么最理想的状态应该是产品研发刚完成,生产线也刚好建成可以使用,如表 8.6 所示。

表 8.6 产品研发

年度投资	第 1 年				第 2 年			
	1季	2季	3季	4季	1季	2季	3季	4季
产品								
P1			1	1				
P2	1	1	1	1				
P3	1	1	1	1	1	1		
P4								
大厂生产								
P1					5	5	5	5
P1					5	5	5	5
P2		5	5	5				
P3				5	5	5		
P4								
P4								

P1 产品资格并不是从第一季度开始研发的,因为那样即使在 3 季度研发成功了,根据生产线的投资规划,也没有生产线可以生产。同样的,第 4 条 P3 生产线之所以这样跨年度建设,也是为配合 P3 产品的研发,如果提前建设好了,而 P3 产品并没有研发成功,只能是停工,且会造成第一年的资金压力。

因此产品研发投资与生产线建设投资是密切相关的,两者步调协调才能将沙盘企业有限的资源最大化地利用起来。

8.7.12 厂房贴现/应收款贴现

关于贴现,很多人都认为贴现是增加财务费用的罪魁祸首,只有在资金周转不灵的时候,才会无可奈何地选择贴现,因此对贴现都抱着"能不贴就不贴"的态度。

但是不是不贴现就是最好的策略呢?其实未必,与贷款相似,贴现只是一种融资方式。贴现可以分为两种情况:一种是在现金流遇到困难时,迫不得已将应收款或厂房做贴现处理,如果不贴现,很有可能出现资金断流的后果。因此这样的贴现是被动的,是被逼无奈的。而另一种贴现行为是主动的,比如在市场宽松,但资金不足的情况下,主动贴现以换取资金用于投入生产系的建设和产品的研发,从而达到迅速占领市场、扩大沙盘企业产能和市场份额的效果。这两种贴现的处境是完全不一样的,往往产生的效果也是不一样的。

被动贴现的情况下,由于一直处于以贴还债的情况:这个季度的现金不够了,就将下一个季度应收款贴现了;虽然这个季度过去了,可是下个季度又出现了财务危机需要再次贴现。因此如果在贴现之前没有认真比较集中贴现方式,很有可能陷入连环贴现的怪圈中。

而主动贴现则不同,主动贴现出来的现金,往往都是用于扩大沙盘企业生产规模和市场份额。追求财务边际效果最大化,把钱使在刀刃上。结合之前分析贷款中所说的,贴现和利息一样都属于财务费用。如果从资产回报率的角度来看,会发现只要合理地运用贴现出来的现金,将其转换成更好的盈利工具,创造出比财务费用更高的利润,此时贴现就是有价值的。

8.7.13 季末现金对账

一个有经验的团队,都会在进行本年操作之前先做好全年度的预算工作。但在具体执行时偶尔也会出现比较低级的操作失误,比如忘记在建工程继续投资、忘记下批生产等情况,如果到年底才发现,很有可能就造成无可挽回的损失了,因此每个季度末的对账工作,是对该季度计划执行一个检验,可以帮助各个沙盘企业及时发现问题,尽早想出对策。

季末盘点现金的重要作用是可以通过分析季末现金多少,大概分析沙盘企业的资金周转率。很多新人在初期经营时都喜欢放很多现金在手上,感觉这样很有"安全感"。事实上现金是流动性最好但收益最差的资产形式。再多的现金把它"埋在地下",无论多少年,仍然还是那么多钱不会增加。现金对于沙盘企业来说就像是人的血液,万万不能缺少,现金流一旦断链,意味着沙盘企业马上陷入破产的境地。因此在保证现金流安全的前提下,尽可能降低季末结余现金,提高资金的周转率,甚至在计算基准的前提下,将季末现金做到零,这个时候就表示已经把所有的资源都用到了极限。

8.7.14 缴纳违约订单罚款

违约,交罚款,对于一般情况来说,都是不好的事情。但是在一些特殊的场合、特殊的情况下,结合一些特殊的战术策略,比如在有竞单规则的市场中,就可以起到化腐朽为神奇的功效。

在竞单的规则中,产品的总价是可以由各个队在产品直接成本的1~3倍区间中自己填写的。因此即便已经在选单市场选了订单,但是如果在竞单市场可以很高的价格出售相同产品,只要竞单市场订单价格比选单市场订单价格加上需要支付的违约金的总额要高的话,那么即使违约选单市场的订单,去完成竞单市场的订单,仍可以获取的利润,依然可以比选单市场的订单更丰厚。

例如,在选单市场接了一张 4 个 P3,3 200W 的订单,如果违约的话需要缴纳总价的 30%,也就是 960W 的违约金,再加上 100W 的竞单费用,也就是说 4 个 P3 违约后的成本是 4 260W。而在竞单市场,1 个 P3 最高可以卖到 1 200W,如果在竞单市场可以用 4 260W 以上的价格拿到 4 个 P3 的订单,也就不亏。如果可以以满额 4 800W 获得订单的话,即使违约前面市场选单的订单,也可以赚到更多。况且竞单市场的账期和交货期还有很多的灵活度,而且还可以让对手猜不透你的真正产能,从而达到压制对手的目的。

8.7.15 支付设备维修费、计提折旧

计提折旧是根据生长线使用的年限来逐年计提的。当提到设备残值时,就不需要继续计提折旧,且生产线可以继续使用。因此很多时候看到设备已经折到残值的时候,会舍不得卖掉。而设备维修费是根据设备的数量来收取的,只要设备建成了,无论有没有生产都要支付维修费了。根据这样的规则,如果比赛最终只看权益,不考虑其他综合得分的情况下,卖掉部分生产线可能起到意想不到的效果。

例如,第一年第二季度开始投资新建的自动线,连续投资 3 个季度,在第二年第一季度完工建成,机器设备的固定资产为 15M。那么根据建成当年不折旧的规则,这条自动生产线在第 3 年、第 4 年、第 5 年分别计提折旧 3M,那么第 6 年底直接将这条生产线卖掉,那么可以回收的也就是设备的残值 3M 现金,另外 3M 算为损失计入其他费用中。

比较刚才两种处理生产线的方法,从总财产的角度来看这两种处理方式貌似是一样的,但是别忘了,如果生产线没有出售的话,在年底的时候需要交维修费。这样一来,出售生产线的方式比不出售生产线的方式可以少支付维修费,变相地节约了开支,提高了权益,获得了意外的收获。

但是注意,该方法只针对剩余净残值或者折旧后剩余净残值的生产线。如果这条自动线是第 3 年建成的,那么到第 6 年底还有 9M 的设备资产,如果也出售了,会导致 6M 的损失,那就划不来了。

此外在淘汰旧的生产设备时,也可以从这个角度出发,看看是不是划算的。例如,在继承老沙盘企业的规则中,初始盘面会有 3 条手工线,1 条半自动线。其中 P1 手工线剩下 2M 的设备净值。在第一年经营结束时,很多人会觉得继续留着手工线,下年设备就不要折旧了,还可以继续使用,挺赚的。可是我们仔细推敲一下,就发现其中有值得探讨的内容了。

手工线一年只能产 1.3 个 P1 产品,即使 P1 以每个 3M 的毛利来计算,一年下来手工线可以带来的毛利也只有 4M。另外,该手工线要扣除每年 1M 的维修费,同时分摊广告费、厂房租金、管理费等其他一系列费用。这样算下来,如果一直用手工线生产,即使不需要折旧,也是很难盈利的,更何况他占用了生产线的位置,制约了沙盘企业的产能扩张。这样算下来就会发现,不进行设备更新,单靠老本总是难以为继的。

8.7.16　商业情报收集/间谍

沙盘虽小,但想要在激烈的博弈竞争中脱颖而出,除了做好自己,还必须要收集商业情报,时刻关注竞争对手。只有这样才能针对竞争对手的弱点制定相应的打击策略,才能在竞赛中吸取别人的长处,起到师夷长技以制夷的效果。

那商业情报应该了解些什么?简单地说就是把别人的沙盘企业当成自己的沙盘企业来关注,通过间谍和观盘时间,尽可能多地记录下对手信息,比如现金流、贷款额度、ISO资质、市场开拓、产品研发、原材料的订单及库存、订单详情、生产线的类型、成品库存。然后再一组一组分析,过滤竞争对手。其中最重要的是分析提炼出竞争对手的各种产品的产能和现金流,这两个要素是在市场选单博弈中最关键的。通过竞争对手的生产线情况以及原材料采购情况,可以推测出对手的最大产能及可能进行的转产计划,甚至对每个季度可以交付几个什么产品都要了如指掌。只有这样,在选单市场或竞争市场的博弈中,才可能推断出对手的拿单策略,并且针对其产能需求采取遏制或规避战术,同样,对现金流的密切监控,就可以分析出对手可能投放的广告费用多少及拿单的策略。这些信息都为市场决策提供了非常重要的依据。

另外在每年的订货会中,除了做好自己的选单,同时还要密切注意主要竞争对手的选单情况,不仅要记录他们销售的产品数量,甚至连交货期和账期都要密切地关注和记录。尤其在有竞单规则的比赛中,关注对手的选单情况,就可以分析出他们在竞单市场的拿单能力,从而可以有针对性地制定竞单策略,来实现更丰厚的销售利润。关于竞单的技巧,将在竞单部分详细讨论。

8.7.17　竞单市场

1. 竞单的具体规则

竞单规则,是指打破原先订单总价、交货期、账期都是事先规定好的限制,通过暗标的方式来争取市场的订单。

事先规定好在沙盘企业经营到某几年的时候开放竞单市场,竞单市场中的产品数量包含在当年的市场预测需求总量中,在正常的市场订货会之外,增加了订单竞标的环节。参与竞标的订单标明了订单编号、市场、产品、数量、ISO要求等,而总价、交货期、账期三项为空。竞标订单的相关要求说明如下。

(1) 投标资质:参与投标的公司需要有相应市场、产品、ISO资质。

每张中标的订单需支持1M标书费,计入广告费。如果已竞得单数+同时竞单数=现金余额,则不能再竞,即必须有一定现金库存作为保证金。例如,同时竞两张订单,库存现金为2M,则可以参加竞单,但如果已经竞得1张订单,扣除1M标书费,还剩余1M库存现金,则不能继续参与竞单。

(2) 投标规则:参与投标的公司需根据所投标的订单,在系统规定时间(以倒计时秒形式显示)填写总价、交货期、账期三项内容,确认后由系统按照公式计算得分,公式如下。

第四届国赛规则:

$$得分=100+(5-交货期)\times2+应收账期-总价$$

第五届国赛规则：

$$得分=100+(5-交货期)\times4+应收账期-总价$$

得分最高者中标，如果计算分数相同时，则先提交者中标。

提请注意：总价不能低于直接成本，也不能高于直接成本的3倍。

（3）注意事项：竞单产品数量包含在当年的市场预测需求量中，也就是说竞单会上增加的产品数量，会减少订货会中相应产品和市场的订单数量。竞标得到的订单与参加订货会得到的订单性质相同，累计加入该市场的销售总额，总直接影响销售排名，决定"市场老大"的归属。

2. 竞单风险分析

竞单规则中，由于每种产品都可能卖出直接成本3倍的价格，巨大的利润对每支参赛队来说都是一种无法抵抗的诱惑，甚至可能出现极端情况——将所有销售全部押在竞单市场上。但是竞单市场的订单数量有限，在这样的情况下，必然有的组因为无法拿到足够的订单导致大量库存积压；也会因为竞争太激烈而大打价格战，出现大幅降价倾销的局面，种种不确定性都增加了竞单市场的风险。

既然风险这么高，那是不是就不要竞单了，只要在选单市场稳稳地接单销售，保持稳定增长就可以了呢？当然，如果采取保守策略，风险可以有效规避，大概不会有破产风险，但很有可能就会眼睁睁地看着别人大把赚钱。以P2产品为例，假设你与另一组同为P2专业户，第4年结束权益略高对手5M～10M。纵观大部分市场预测，P2后期在各个市场的毛利极低，平均在3M～3.5M左右，而在竞单中，其最大毛利可以达到令人垂涎的6M，假设你全部在订货会上销售，而对方选择在竞单市场中销售，那么只要成功地在竞单市场以最高限价卖出3M～4M个P2产品，毛利就会比订货多销售8M～10M，最终净利将会实现反超。事实上大家仔细看湖南科技大学第四届国赛数据会发现，正是因为充分好利用了第5、第6两年的竞单市场，使最后两年权益有了质的飞跃，最终成功问鼎。

根据往年国赛的实际情况，竞单信息会提前一年下发给各个组。之所以提前下发给各组，目的就是为了给各组充分时间考虑参与竞单会的策略。由于竞单会是在订货会以后举行，这就意味着一旦没有通过竞单会销售完产品，将没有其他途径获得订单，那么只能造成产品库存。这就需要提前设计好竞单产品的品种、数量及价格、交货期、账期等因素。尤其在分配参加竞标会和选单会的产品比例上也非常关键，留下来参与竞单的产品数量越小，其风险就越小，但相对来说可能的收益也会越小，反之用于参加竞单的产品数量越大，则风险越大，但是可能获得的利润也就越大。

因此竞单环节的引入，大大提高了比赛的博弈性，要在做好周密预算的基础上，充分吃透规则、因利势导，才能达到运筹帷幄、出其不意的效果。如前所述，通过技巧性违约和紧急采购这类特殊方法，可以平衡风险和利润，达到灵活多变的效果，最终通过这样的博弈获取更高的利润。

3. 交货期与总价

在竞单中，有3个变量是需要手工填写的，即总价、交货期、应收账款期。取得订单的条件是根据公式

$$得分 = 100 + (5-交货期) \times 2 + 应收账期 - 总价$$

计算最高得分。如果总价很低、账期很长、交货期很短,得分虽然高了,但是收益相对来说就非常低了;相反如果总价很高、账期很短、交货期很长,那么导致得分低从而无法获得该订单。因此除了利用市场准入、ISO 限制等常规条件造成相对垄断情况外,如何平衡这 3 个变量,找到得分和收益的最佳平衡点是竞单市场成败的关键所在。

首先来看看交货期和总价平衡关系。从第四届国赛竞单公式中可以看出,假设某一单大家在应收账期同为 4 时,交货期每提高一季,就意味着在总价上可以增加 2M 的利润,如果交货期设为一季,那么最多则可在利润空间中挤出 6M~7M 的利润。在实际竞单过程中,大部分竞单数量在 2~4 个左右,那么在交货期为一季的情况下,每个产品能够增加的利润幅度为 1.5M~3M 左右。

例如,5 个 P2 的竞单市场的订单,A 公司填写的总价为满额 45M,交货期为 1 季,账期为 4,那么根据公式得分为

$$100 + (5-1) \times 2 + 4 - 45 = 67(分)$$

而 B 公司由于产能问题只能第四期交货,假设其他选择账期也为 4,要想获得 47 分以上的分数的话,那么销售额必须低于 39M,即

$$100 + (5-4) \times 2 + 4 - 39 = 67(分)$$

如果要尽快收回货款,则还要下降,最终可能的结果是尽管得到订单,但是利润和订货会相差无几,甚至因为过分激烈的竞争环境,将利润空间压缩得比订货会更低。交货期在竞单博弈中非常重要:交货期越靠前,总价值越高。这就意味着缩短交货期可以大大提升产品毛利,从而直接影响净利润和最终权益的高低。

通过对交货期的分析,可知在订货会上应尽量选择交货期靠后的单子,尽可能将交货期早的产品留在竞单市场,以谋取更高的利润。同时交货期的另外一个影响要素是产能,产能越大,我们可以制造出交货的产品就越多,所以间接得出,产能越大,在竞单市场中越容易获得高额的利润。

8.8 沙盘企业常用的经营战略

经营沙盘企业最为重要的一个环节就是公司的经营战略。经营什么?如何经营?怎样才能获取最高利润?这是每个公司决策层首先需要考虑的问题。很多沙盘企业在经营伊始就犯下致命错误,所以过程中绞尽脑汁也无法使沙盘企业走出困境。为了能使读者在起跑线上就赢得先机,下面列出几套成功的经典策略供读者在实战中参考。

8.8.1 P1,P2 策略

1. 优势

该策略的研发费用较低,仅为 6M。能有效控制综合费用,进而使得利润、所有者权益能够保持在一个较高的水平,这样对于后期的发展非常有利,依照笔者的经验,第一年所有者权益控制在 44,45 为最佳,第二年实现盈利后,所有者权益会飙升至 57M 以上。笔者就曾以此策略在第三年扩建成 10 条生产线,这是迄今为止扩大产能速度最快的一种策

略。当然即使环境恶劣到第二年一个产品都没有卖出而又收不到任何的现金,依然可以轻松地坚持到下一年。如果要迅速扩张来挤压竞争对手的生存空间,这条策略无疑是最优秀的。

2. 劣势

这种策略的劣势相对不易察觉,使用该策略可以在前期建立很大的优势,但在后期通常神不知鬼不觉地被超越,该劣势从普通训练赛到国家级比赛不胜枚举。原因有两个:其一,P1,P2 策略在后期缺乏竞争力,当大家都扩建 70 条生产线的时候,P1,P2 的利润显然不如 P3,P4,所以被所有者权益相差 20 以内的对手反超不足为奇;其二,当同学用此策略建立起前期优势后,难免有些心理上的松懈,赛场如战场,形势可能一日数变,如果缺乏足够的细心和耐心处理对手的信息,被超越的可能性也是很大的。

3. 关键操作步骤

以初始 60M 为例,详细操作如下(此操作步骤只为一般性参考,读者切不可完全照搬,犯教条主义错误):

第一年——

第 1 季:研发 P2 扣 1M,管理费扣 1M,现金余额为 58M。

第 2 季:购买小厂房扣 30M,新建 2 条 P1 自动线,2 条 P2 自动线扣 20M,研发 P2 扣 1M,管理费扣 1M,现金余额为 6M。

第 3 季:借入短期贷款加 20M,订购原材料 R3 数量为 2,建生产线扣 20M,研发 P1,P2 扣 2M,管理费扣 1M,现金余额为 3M。

第 4 季:介入短期贷款 40M,订购原材料 R1,R2,R3 数量分别为 2,2,2,建生产线扣 20M,研发 P1,P2 扣 2M,管理费扣 1M,开拓全部市场扣 5M,ISO 开发 9 000 扣 1M,现金余额为 14M,所有者权益为 44M。

其中研发 ISO 是因为权益保持尾数为 4 或 7 比较有利,对研发也没有什么利害关系,但权益尾数为 3 或 6 时借入贷款数额比上述尾数时少了 10M,所以非不得已时还是要尽量控制权益尾数。

第二年——

年初本地 P1 投 1M,P2 投 3M;区域 P1 投 1M,P2 投 3M,借入长期贷款 10M。

第 1 季:到货原材料 R1,R2,R3 数量分别为 2,2,2,扣 6M,订购原材料 R1,R2,R3 数量分别为 2,2,2,生产 2 个 P1、2 个 P2,管理费用扣 1M,现金余额为 25M。以下省略。

第 4 季:市场开拓国内、亚洲、国际。ISO 9000,ISO 14000 视权益多少而定。

在卖出 6 个 P1、5 个 P2 后最终权益可以达到 57。

第 3 年的贷款全部贷出,将所有应收账款拿出贴现,接订单应多接小单,最优搭配是每季产出就能卖出,其余细节就不阐述了。

4. 使用环境

该策略主要用在初学者的比赛中,当对手大多采用 P3,P4 时也可运用该策略。

8.8.2 P2,P3 策略

这套策略可以称之为攻守兼备,推荐选择 2 条柔性线,P2,P3 各一条自动线。

1. 优势

此策略的优势在于使用者可以在比赛全程获得产品上的优势：P2 在第 3、4 两年的毛利可以达到 5M/个，这时可以用 3 条生产线生产 P2，达到利润最大化，后期 P2 的毛利仍然保持在 4M 左右，而 P3 利润为 4.5M 左右，差距不是很大。此外，到后期生产 P2 的柔性线可转产其他产品。极大地增加了转产的机动性。总之，这种策略的优势概括起来就是全程保持较高的利润，无论战况如何都能处于比较有利的位置。

2. 劣势

这套策略虽然可以使经营趋于一种稳定的状态，但倘若想要有一番大的作为必须要尽可能地再添加几分大的筹码，比如后期扩张时多开几条 P4 生产线。

3. 关键操作步骤

因为 P3 最快也要到第二年 3 季度才能投入使用，所以应该把一条 P3 的生产线设置在 3 季度刚好能够使用，这样才能最大限度地做到控制现金流。

倘若考虑到广告等问题觉得在第二年生产 P3 没有什么必要，也可以到第三年初生产 P3，这样可以省下一条生产线的维修费用。需要注意的是要做到生产线和研发的匹配，严格控制现金流。

第一年市场可以考虑不全开拓，因为产品的多元化能够起到分散销售的作用，大可不必亚洲、国际市场全开拓。ISO 方面，P2，P3 对于 ISO 14000 要求不严格，可以暂缓，但是 ISO 9000 一定要开发，因为第三年市场往往会出现 ISO 9000 标示的订单，拥有认证就能占得先机。

第 2 年由于市场较小，P2 产能过大，可以考虑提高 P2 广告，建议初学者每个市场投入 4M，5M 就足够了，高级别比赛则要仔细斟酌。

4. 使用环境

当所有产品中的对手分布比较均衡时，或者 P1，P4 市场过于拥挤时可以使用该策略。

8.8.3 纯 P2 策略

P2 是一个低成本高利润的产品，前期倘若能卖出数量可观的 P2 产品必定能使沙盘企业腾飞。

1. 优势

投资纯 P2 产品需要成本仅为 4M，而 P2 产品利润均在 3.5M 以上，最高的第 3、4 两年单个产品利润可以超过 5M，即便后期的第 5、6 两年，P2 产品的利润也在 4M 以上，倘若可以在前期拿到足够的订单，沙盘企业可以迅速崛起。

2. 劣势

由于 P2 产品的利润相当高，看好这块肥肉的人自然不在少数，所以极有可能造成市场紧张，导致拿不到足够的订单，风险颇大。

3. 关键操作步骤

前期由于市场比较紧张，推荐小厂房，第 2 年开发完成 3 条 P2 生产线，第 3 年再加一条。

第 2 年的广告多多益善，但总数最好不要超过 10M。

市场开拓方面建议全部开拓，在第 1 年的时候 ISO 9000 可投可不投，第 4 年再开发也无妨，ISO 14000 前期不要开，可在第 4 年以后开。

扩建生产线速度要快，能多快就多快，因为战机就在第 3、4 两年，不可放过。

4. 使用环境

P2 产品的市场不是很紧张就好，P2 产品生产线占总体的 40% 以下均可使用。

8.8.4 纯 P3 产品策略

该策略是一款堪称经典的策略。一方面，只研发 P3 产品的研发费用不高，只有 6M；另一方面，第 3 年以后 P3 产品的市场颇为可观。

1. 优势

无论何种级别的比赛，P3 产品似乎都是鸡肋，表面看来是食之无味，弃之可惜。但如果读者能够静下心来仔细揣摩参赛者的心里就可以明白，P3 产品前期不如 P2 产品的利润大，后期不如 P4 产品的利润大，而且 P3 产品门槛不高，这都是 P3 产品的明显缺陷。正是由于这些缺陷存在才导致了 P3 产品后期利润有所增加，市场很大，故而建成 10 条生产线也完全可以做大做强，笔者就曾用这套策略在训练赛中击败对手。

2. 劣势

因为 P3 产品的研发周期较长，所以在第二年卖不出多少，第二年真的要生产的话将面临生产线维修等诸多问题，需要考虑。从第三年生产的话就会导致权益太低，前期被压制会很辛苦，心理压力会很大，一旦失手就会输掉比赛。因此，选择这套策略一定要沉着冷静，具备很高的心理素质才行。

3. 关键操作步骤

推荐在第 3 年生产 P3 产品，如小厂房，4 条自动线。这个时候市场很大，不需要多少广告就可以卖光产品。

市场要全部开拓，因为产品集中。

ISO 研发选择 ISO 9000，第 3 年要拥有 ISO 9000 资格，ISO 14000 可放弃。

如果生产 P3 产品的对手过多，可在第 4 年以后增加两条 P1 产品生产线以缓解压力。

也可以在第 2 年生产 P3 产品，因为这样在第 3 年可以比别人多产出几个 P3 产品。

4. 使用环境

在 P2 或者 P4 被普遍看好的情况下，或参赛队生产 P3 总量不足需求量的 70% 时，适合用该策略。

8.8.5 纯 P4 产品策略

纯 P4 产品策略绝对可以称为一个险招，所谓不成功则成仁。

1. 优势

该策略优势很明显，P4 产品的利润巨大，每卖出一个产品都能获得比别人多 1M 以上的利润，一条生产线可以多 4M，4 条可以多 16M，10 条就是 40M！在比赛前期，16M 意味着什么？这意味着你可以多贷出 40M 的贷款，40M 的贷款就是可以多建 3 条生产线，一般来说前期的5M差距到后期就可以扩大到20M以上,何况16M！此外P4产品还有一个优势就是要进入这个市场比进入P3产品市场难多了,不仅多了6M研发费用,原料成本也是很大的,所以如果对手不在初期进入P4市场,后期基本进不来,所以一旦前期确立了优势,那就意味着胜利在握了。另外P4产品的单价极高,倘若比赛规则中有"市场老大",则使用纯P4产品的同学可以轻易拿到"市场老大",从而以最低的广告成本选择最优的订单。

2. 劣势

因为纯P4产品的前期投入很大,有损所有者权益,所以往往要采用长期贷款策略,但这就背负上了很大的还贷压力。而且P4产品的市场容量较小,一旦前期对手较多则可能导致优势减弱或者全无,陷入苦战之中,结局就会很悲惨了。例如,2009年全国总决赛中,本科组28支队伍中研发生产P4产品的队伍在第2年达到了16支,这直接导致了所有走纯P4产品路线的队伍在第4年全部退出了竞争的行列,无一幸免。

3. 关键操作步骤

前期需要借长期贷款,对于初学者来说基本上要借出150M,控制长期贷款的利息是很困难的,须小心谨慎。

可以使用短期贷款,但操作中难度较大,不建议初学者使用。

倘若竞争对手很多,一定要在市场上击垮对手,因为P4产品在前期市场比较紧,只要有一次接不到合适的单子基本就很难生存下去了,能坚持到最后的才是王者,所以,千万不要吝啬广告。

如果要运用短期贷款的话,前期一定要控制权益,ISO不要开发,市场可以延缓开拓一个,等到第3、第4年,现金流情况缓解再开拓也不迟。

4. 使用环境

只要P4产品市场不是很紧张就可以,P4产品生产线占总生产线数的25%以下就可放心使用。

8.8.6 P2产品,P4产品策略

这套策略可以视为保守的P4产品策略,道理浅显易懂。

1. 优势

前期在P4产品订单数不足时可以将一定的产能分散到P2产品的市场,保证了第二年的盈利,这样就可以解决纯P4产品策略的长贷利息问题可以使用短期贷款,短期贷款所支付的利息小于使用长期贷款支付的利息,第二年的利润就可以大大增加。以便提高扩建生产线的速度。此外P2产品,P4产品的搭配对于夺得"市场老大"也是很有优势的,两个产品进攻同一个市场,一般的对手谁能挡得住？

2. 劣势

前期研发费用有16M,太高了,而且生产这两种产品的生产成本很高,资金流转速度太慢,需要较高的控制水平。

3. 关键操作步骤

短贷在第3、第4季度各借20M,二季度买小厂房30M。2条P2产品线,第2季度开

建第4季度完成投资;建2条P4生产线,第4季度开建下年第2季度完成投资。

第1年市场开4个,ISO不开,保持40M的所有者权益。

第2年广告尽可能少投,长期贷款不借,各季度短期贷款分别为20M,40M,40M,20M。

第2年市场全开,ISO视所有者权益的多少开拓,权益在47以上可以全部开掉。

4. 使用环境

该策略适用于已有市场老大且P4产品竞争对手较多时,当然也要根据市场环境适当进行调整,灵活把握,避免犯教条主义错误。

无论选择哪种策略,我们的最终目的非常明确,就是盈利,就是夺冠。当刚看到规则和市场预测时,首先要了解规则,读懂规则。其次就是分析市场预测,对于竞争而言,唯一不变的就是效益最大化,换言之也就是说哪种产品带来的贡献毛益最高就选择生产哪种产品,虽然有可能遇到惨烈的市场竞争,但是,当你过得不好的时候别人也不见得好过,而且也可以起到打压竞争对手的作用。另外,在沙盘比赛中,一味地躲避竞争对手,只会让对手发展得更好。

关于现金:够用就行,前期并非越多越好。当然,到了后期由于应收款到期而增加的就另当别论了。

关于产能:在市场需求量充足及现金压力不大的情况下,尽量扩大产能,因为你的产品越多,每个产品所分摊的固定成本就越少,进而每个产品所带来的净利润就越多。

第 9 章 财务分析与评价

财务分析是根据企业财务报表等信息资料,采用专门的方法,系统分析和评价企业财务状况和经营成果以及未来发展趋势的过程;财务评价是对企业财务状况和经营状况进行总结、考核和评价。

9.1 财务分析概述

财务分析以企业的财务报表和其他财务分析资料为依据,注重对企业财务分析指标的综合考核。

9.1.1 财务分析与评价的意义

(1)可以判断企业的实力。通过对资产负债表和利润表等相关资料的分析,计算相关指标,可以了解企业的资产结构和负债水平是否合理,从而判断企业的偿债能力、营运能力及获利能力等财务实力,揭示企业财务状况方面的种种问题。

(2)可以评价和考核企业的经营业绩,揭示财务活动存在的问题。通过指标的计算、分析和比较,能够评价和考核企业的盈利能力和资金周转状况,揭示其经营管理各方面、各环节的问题,找出和同行业其他企业的差距,得出分析结论。

(3)可以发掘企业潜力,寻求提高企业管理经营水平和经济效益的途径。企业进行财务分析的目的不仅仅是为了发现问题,更重要的是分析和解决问题。通过财务分析,应保持和进一步发挥生产经营管理中的成功经验,对存在的问题提出解决的策略和措施,以达到扬长补短、提高经营管理水平和经济效益的目的。

9.1.2 财务分析与评价的内容

财务分析信息的使用者包括企业所有者、债权人、经营决策者和政府相关部门等。不同的主体出于不同的利益需求,对财务分析信息有着不同的需要。

(1)企业所有者作为企业投资人,最关心其资本的保值、增值状况,因此较为重视获利能力指标,主要进行获利能力指标的分析。

(2) 企业债权人因无权参与企业剩余收益的分配,其首先关注的是它的投资的安全性,因此更加重视偿债指标,主要进行企业偿债能力分析,与此同时,也会关心企业的盈利能力分析。

(3) 企业的经营决策者必须对企业经营的各个方面,如营运能力、偿债能力、获利能力及发展能力的全部信息进行详尽地了解和掌握,并要及时关注企业所面临的各方面的风险。

(4) 政府兼具多重身份,既是宏观经济管理者,又是国有企业的所有者和重要的市场参与者,因此政府对企业财务分析的关注点,因身份的不同而不同。

综上所述,不同企业财务分析信息使用者所关注的信息不一致或重要性有差异,但总体归纳可将财务分析的内容分为:偿债能力分析、营运能力分析、获利能力分析、发展能力分析和综合能力分析5个方面。

9.1.3 财务分析与评价的基本方法

财务分析的方法一般包括比率分析法、结构分析法、比较分析法、趋势分析法。

(1) 比率分析法是对财务报表内两个或两个以上项目之间的关系进行分析,它用相对数表示,又称为财务比率。这些比率可以揭示企业的财务状况及经营成果。比率分析是一种比较简单方便并广泛应用的分析方法。只要具有一个及以上会计年度的资产负债表和利润表,就能完整地分析一家公司的基本经营状况。

(2) 结构分析法是把一张报表中的总合计数作为分母,其他各项目作为分子,以求出每项在总合计数中的百分比,例如,百分比资产负债表、百分比利润表。这种分析的作用是发现异常项目,为经营决策提供数据支撑。

(3) 比较分析法是将本期报表数据与本企业预算或杠杆企业或行业平均水平作对比,从而找出实际与预算的差异或与先进企业的差距。比较分析的主要作用是发现本企业自身的问题。

(4) 趋势分析法是将3个年度以上的会计数据,就相同的项目,做出多年度高低走向的观察与分析,以判断企业是否属于良性发展。

9.2 财务指标分析

A沙盘企业2012年度主要财务报表如下:

表 9.1　综合费用表

单位：百万

项　目	金　额		项　目	金　额	
管理费	4	4	销售收入	119	150
广告费	4	6	直接成本	50	65
设备维护费	4	6	毛利	69	85
损失	0	0	综合费用	31	30
转产费	0	0	折旧前利润	38	55
厂房租金	5	5	折旧	16	22
新市场开拓	6	6	支付利息前利润	22	33
ISO 资格认证	4	2	财务费用	8	10
产品研发	4	1	税前利润	14	23
信息费	0	0	所得税	0	0
合　计	31	30	年度净利润	14	23

表 9.2　资产负债表

单位：百万

项目	金额		项目	金额	
	期初	期末		期初	期末
现金	34	65	长期负债	100	120
应收款	24	45	短期负债	0	40
在制品	9	11	应交所得税	0	0
产成品	16	6	—		
原材料	4	3	—		
流动资产合计	87	130	负债合计	100	160
厂房	30	30	股东资本	70	70
生产线	15	55	利润留存	−22	−8
在建工程	30	0	年度净利	14	23
固定资产合计	75	85	所有者权益合计	62	55
资产总计	162	215	负债和所有者权益总计	162	215

注：库存折价拍价、生产线变卖、紧急采购、订单违约记入损失。

9.3 主要财务指标分析

9.3.1 偿债能力指标

偿债能力是指企业偿还到期债务(包括本息)的能力。偿债能力指标包括短期偿债能力指标和长期偿债能力指标。

1. 短期偿债能力指标

短期偿债能力是指企业流动资产对流动负债及时足额偿还的保证程度,是衡量企业当期财务能力,特别是流动资产变现能力的重要指标。

企业短期偿债能力的衡量指标主要有两项:流动比率和速动比率。

(1)指标计算。

①流动比率=(流动资产÷流动负债)×100%。

②速动比率=(速动资产÷流动负债)×100%。

其中

$$速动资产=货币资金+交易性金融资产+应收账款+应收票据=$$
$$流动资产-存货-预付账款-其他流动资产$$

报表中如有应收利息、应收股利和其他应收款项目,可视情况归入速动资产项目。

针对 A 沙盘企业 2012 年度报表,计算结果如下:

①流动比率=(流动资产÷流动负债)×100% =(130÷40)×100% =3.25。

②速动比率=(速动资产÷流动负债)×100% =(110÷40)×100% =2.75。

(2)指标分析。

表9.3 短期偿债能力指标分析

指标	分析时应注意的问题
流动比率	(1)通常认为,流动比率的下限为100%,而流动比率等于200%时较为适当 (2)虽然流动比率越高,企业偿还短期债务的流动资产保证程度越高,但这并不等于说企业已有足够的现金或存款用来偿债 (3)从短期债权人的角度看,自然希望流动比率越高越好。但从企业经营角度看,过高的流动比率通常意味着企业闲置现金的持有量过多,必然造成企业机会成本的增加和获利能力的降低 (4)流动比率是否合理,不同企业以及同一企业不同时期的评价标准是不同的 (5)应剔除一些虚假因素的影响

续表9.3

指标	分析时应注意的问题
速动比率	(1) 速动资产是指流动资产减去变现能力较差且不稳定的存货、预付账款、一年内到期的非流动资产和其他流动资产后的余额 (2) 一般情况下,速动比率越高,说明企业偿还流动负债的能力越强。但速动比率过高表明企业会因现金及应收账款占用过多而增加企业的机会成本,影响企业的获利能力 (3) 通常认为,速动比率等于100%时较为适当。如果速动比率小于100%,企业将面临较大的偿债风险 (4) 尽管速动比率较之流动比率更能反映出流动负债偿还的安全性和稳定性,但并不能认为速动比率较低的企业的流动负债到期绝对不能偿还。如果存货流转顺畅,变现能力较强,即使速动比率较低,只要流动比率高,企业仍然有望偿还到期的债务本息

流动比率和速动比率的相同点是:一般情况下,比率越高,说明企业偿还流动负债的能力越强。但过高增加企业的机会成本会降低获利能力。

2. 长期偿债能力指标

长期偿债能力是指企业偿还长期负债的能力。企业长期偿债能力的衡量指标主要有两项:资产负债率和产权比率。

(1) 指标计算。

①资产负债率=(负债总额÷资产总额)×100%。

②产权比率=(负债总额÷所有者权益)×100%。

针对A沙盘企业2012年度报表,计算结果如下:

①资产负债率=(负债总额÷资产总额)×100%=(120÷215)×100%=55.81%。

②产权比率=(负债总额÷所有者权益)×100%=(120÷95)×100%=126.32%。

(2) 指标分析。

表9.4 长期偿债能力指标分析

指标	分析时应注意的问题
资产负债率	(1) 一般情况下,资产负债率越小,说明企业长期偿债能力越强 (2) 从债权人来说,这样的企业该指标越小,偿债越有保证 (3) 从企业所有者来说,如果该指标较大,说明利用较少的自有资本投资形成较多的生产经营用资产,不仅扩大了生产经营规模,而且在经营状况良好的情况下,还可以利用财务杠杆的原理,得到较多的投资利润,如果该指标过小则表明企业对财务杠杆利用不够 (4) 资产负债率过大,则表明企业的债务负担重,企业资金实力不强,不仅对债权人不利,而且企业有濒临倒闭的危险 (5) 保守的观点认为资产负债率不应高于50%,而国际上通常认为资产负债率等于60%时较为适当

续表9.4

指标	分析时应注意的问题
产权比率	(1) 一般情况下，产权比率越低，说明企业长期偿债能力越强，债权人权益的保障程度越高，承担的风险越小，但企业不能充分发挥负债的财务杠杆效应 (2) 企业在评价产权比率适度与否时，应从获利能力与增强偿债能力两个方面综合进行，即在保障债务偿还安全的前提下，应尽可能提高产权比率

产权比率与资产负债率对评价偿债能力的作用基本相同，两者的主要区别是：资产负债率侧重于分析债务偿付安全性的物质保障程度，产权比率则侧重于揭示财务结构的稳健程度以及自有资金对偿债风险的承受能力。

9.3.2 运营能力指标

资产运营能力的强弱取决于资产的周转速度、资产运行状况、资产管理水平等多种因素。比如说资产的周转速度，一般说来，周转速度越快，资产的使用效率越高，则资产运营能力越强；反之，运营能力越差。资产周转速度通常用周转率和周转期来表示。

（1）指标计算。

$$周转率 = 周转额 \div 资产平均余额 \times 100\%$$

$$周转期(周转天数) = 计算期天数 \div 周转次数 = 资产平均余额 \times 计算期天数 \div 周转额$$

具体地说，生产资料运营能力分析可以从以下几个方面进行：流动资产周转情况分析、固定资产周转情况分析以及总资产周转情况分析等。

①流动资产周转情况分析：

应收账款周转率 = 当期销售净额 ÷ 当期平均应收账款 × 100% =
　　　　当期销售净额 ÷ [（期初应收账款 + 期末应收账款）/2] × 100%

存货周转率 = 当期销售成本 ÷ 当期平均存货 × 100% =
　　　　当期销售成本 ÷ [（期初存货余额 + 期末存货余额）] × 100%

流动资产周转率 = 平均流动资产总额 × 360 ÷ 营业收入 × 100% =
　　　　[（流动资产总额年初数 + 流动资产总额年末数）/2] ÷
　　　　营业收入 × 100%

②固定资产周转情况分析：

固定资产周转率 = 当期销售净额 / 当期平均固定资产 × 100% =
　　　　当期销售净额 / [（期初固定资产余额 +
　　　　期末固定资产余额）/2] × 100%

③总资产周转情况分析：

总资产周转率 = 当期销售收入 / 当期平均总资产 × 100% =
　　　　当期销售收入 / [（期初资产总额 + 期末资产总额）/2] × 100%

针对 A 沙盘企业 2012 年度报表，计算结果如下。

①流动资产周转情况分析：

$$应收账款周转率 = 23 \div [(24+45)/2] \times 100\% = 66.67\%$$
$$存货周转率 = 65 \div [(29+20)/2] \times 100\% = 265\%$$
$$流动资产周转率 = [(87+130)/2] \div 150 \times 100\% = 72.33\%$$

②固定资产周转情况分析：
$$固定资产周转率 = 23/[(75+85)/2] \times 100\% = 28.75\%$$

③总资产周转情况分析：
$$总资产周转率 = 150/[(162+215)/2] \times 100\% = 79.58\%$$

(2)指标分析。

表9.5 运营能力指标分析

指标	分析时应注意的问题
应收账款周转率	周转率高表明： (1)收账迅速,账龄较短 (2)资产流动性强,短期偿债能力强 (3)可以减少收账费用和坏账损失,从而相对增加企业流动资产的投资收益。同时借助应收账款周转期与企业信用期限的比较,还可以评价购买单位的信誉程度,以及企业原定的信用条件是否适当
存货周转率	(1)一般来讲,存货周转率越高越好,存货周转率越高,表明其变现的速度越快,周转额越大,资金占用水平越低。因此,通过存货周转分析,有利于找出存货管理存在的问题,尽可能降低资金占用水平 (2)存货既不能储存过少,否则可能造成生产中断或销售紧张;又不能储存过多,而形成滞销、积压 (3)存货是流动资产的重要组成部分,其质量和流动性对企业流动比率具有举足轻重的影响,并进而影响企业的短期偿债能力。因此,一定要加强存货的管理,来提高其投资的变现能力和获得能力
流动资产周转率	(1)流动资产周转次数越多,表明以相同的流动资产完成的周转额越多,流动资产利用效果越好 (2)从流动资产周转天数来看,周转一次所需要的天数越少,表明流动资产在经历生产和销售各阶段时所占用的时间越短
固定资产周转率	(1)一般情况下,固定资产周转率越高,表明企业固定资产利用越充分,同时也能表明企业固定资产投资得当,固定资产结构合理,能够充分发挥效率 (2)如果固定资产周转率不高,则表明固定资产使用效率不高,提供的生产成果不多,企业的运营能力不强
总资产周转率	(1)总资产周转率越高,表明企业全部资产的使用效率越高 (2)如果该指标较低,则说明企业利用全部资产进行经营的效率较差,最终会影响企业的获得能力。企业应采取各项措施来提高企业的资产利用程度,比如提高销售收入或处理多余的资产

9.3.3 获利能力指标

在实务中经常使用营业毛利率、营业净利率、净资产收益率等指标(计算公式如下)来分析企业经营业务的获利水平。

(1)指标计算。

①营业毛利率=(营业收入-营业成本)/营业成本×100%。

②营业净利率=(净利润÷营业收入)×100%。

③净资产收益率=(净利润÷平均净资产)×100%。

针对 A 沙盘企业 2012 年度报表,计算结果如下:

①营业毛利率=(营业收入-营业成本)/营业成本×100%=(150-65)/65×100%=130.77%。

②营业利润率=(净利润÷营业收入)×100%=(23÷150)×100%=15.33%。

③净资产收益率=(净利润÷平均净资产)×100%=23÷[(62+55)/2]×100%=39.32%。

(2)指标分析。

表9.6 获利能力指标分析

指标	分析时应注意的问题
营业毛利率	营业毛利率越高,表明企业市场竞争力越强,发展潜力越大,盈利能力越强
营业净利率	该指标越高,表明企业为取得利润而付出的代价越小,成本费用控制得越好,获利能力越强
净资产收益率	(1)净资产收益率是评价企业自有资本及其积累获取报酬水平的最具综合性与代表性的指标,反映企业资本运营的综合收益 (2)通过对该指标的综合对比分析,可以看出企业获利能力在同行业中所处地位,以及与同类企业的差异水平 (3)一般认为,净资产收益率越高,企业自有资本获取收益的能力越强,运营效益越好,对企业投资人、债权人利益的保证程度越高

9.3.4 发展能力指标

分析发展能力主要考察以下 3 项指标:营业收入增长率、资本保值增值率、营业利润增长率。

1. 指标计算

①营业收入增长率=(本年营业收入增长额÷上年营业收入总额)×100%。

本年营业收入增长额=本年营业收入总额-上年营业收入总额。

②资本保值增值率=(扣除客观因素后的本年末所有者权益总额÷年初所有者权益总额)×100%。

③营业利润增长率=(本年营业利润增长额÷上年营业利润总额)×100%

针对 A 沙盘企业 2012 年度报表,计算结果如下:
① 营业收入增长率 = [(150−119)÷119]×100% = 26.05%。
② 资本保值增值率 = (55÷62)×100% = 88.71%。
③ 营业利润增长率 = [(23−14)÷14]×100% = 64.29%。

2. 指标分析

表 9.7 发展能力指标分析

指标	分析时应注意的问题
营业收入增长率	该指标若大于 0,表明企业本年营业收入有所增长,指标值越高,表明增长速度越快,企业市场前景越好
资本保值增值率	若该指标小于 0,则说明产品或服务不适销对路、质次价高,或是在售后服务等方面存在问题,市场份额萎缩
营业利润增长率	一般认为,资本保值增值率越高,表明企业的资本保全状况越好,所有者权益增长越快,债权人的债务越有保障,该指标通常应当大于 100% 反映企业营业利润的增减变动情况

9.3.5 成本结构分析

企业经营的本质是获取利润,获取利润的途径是扩大销售或降低成本。企业的成本由多项费用要素构成,了解各项费用要素在总成本中所占的比例,分析成本结构。

在 ERP 沙盘课程当中,从销售收入中扣除直接成本、综合费用、折旧、利息后得到税前利润。

$$费用比例 = 费用/销售收入 \times 100\%$$

针对 A 沙盘企业 2012 年度报表,计算结果如下:

$$费用比例 = 30/150 \times 100\% = 20\%$$

如果将各项费用比例相加,再与 1 进行比较,则可以看出总费用占销售收入的比例,如果超过 1,则说明支出大于收入,企业处于亏损状态,并可以明晰地看出亏损的程度。

企业经营是持续的活动,由于资源的消耗和补充是缓慢进行的,所以单从某一个时间点上判断一个企业经营的好坏是不客观的,也是不准确的。比如,广告费用占销售收入的比例,用以评价该企业经营的好坏,是不准确的、片面的。但在一个时间点上,可以用特定指标去和其他同类企业比较,以确定该企业在同类企业中的优劣。

在企业经营过程中,很可能由于在某一时点出现问题,而直接或间接地影响企业未来的经营,所以不能轻视经营活动中的任一时点指标状况。

9.3.6 产品盈利分析

企业经营的成果可以从利润表中看到,但财务反映的损益情况是企业经营的综合情况,并没有反映具体业务、具体产品、具体项目等明细项目的盈亏情况。盈利分析就是企业销售的所有产品和服务分项进行盈利细化分析核算,核算公式为

$$单产品盈利 = 某产品销售收入 − 该产品直接成本 − 分摊给该产品的费用$$

这是一项非常重要的分析,它可以告诉企业经营者哪些产品是赚钱的,哪些产品是不赚钱的。管理费、维修费、租金等,都不能直接认定到某个特定产品上,需要在当年的产品中进行分摊。分摊的方法有很多,传统的方法为按收入比例、成本比例等进行分摊,本课程中费用分摊是按照产品数量进行分摊,公式为

某类产品分摊的费用=(分摊费用/各类产品销售总数量)×某类产品的销售数量

尽管分摊方法不一致,但分析的结果都可以说明哪些产品是盈利产品,值得企业大力发展。企业经营者可以对这些产品进行更好、更合理的分类,以确定下一步企业经营的方向。

9.3.7 杜邦分析

杜邦分析法,又称杜邦分析体系,或称杜邦体系,是利用各主要财务比率指标间的内在联系,对企业财务状况及经济效益进行综合系统分析评价的方法。该体系是以净资产收益率为起点,以总资产净利率和权益乘数为核心,重点揭示企业获利能力及权益乘数对净资产收益率的影响,以及各相关指标间的相互影响作用关系。杜邦分析法将净资产收益率(权益净利率)分解,其分析关系式为

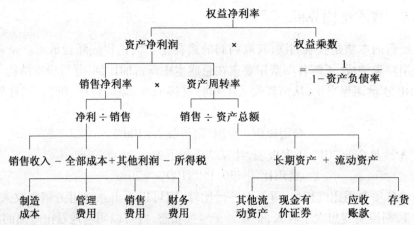

针对A沙盘企业2012年度报表,计算结果如下:

(1)销售净利率=净利÷销售收入=(23÷150)×100%=15.33%。

(2)总资产周转率=销售收入÷平均资产总额=150/[(162+215)/2]×100%=79.58%。

(3)资产净利率=销售净利率×资产周转率=12.2%。

(4)资产负债率=(负债总额÷资产总额)×100%=(120÷215)×100%=55.81%。

(5)权益乘数=1/(1-资产负债率)=1÷55.81%=1.79。

运用杜邦分析法,需要注意以下几点:

(1)净资产收益率(权益净利率)是一个综合性最强的财务分析指标,是杜邦分析体系的起点。

(2)净资产收益率(权益净利率)高低的决定因素主要有3个,即销售净利率、总资产周转率、权益乘数,通过分解,我们可以将净资产收益率这一综合指标发生的升降变化的

原因具体化，从而它比只用一项综合性指标更能说明问题。

（3）销售净利率反映了企业净利润和销售收入之间的关系，它的高低取决于销售收入与成本总额的高低。

（4）要想提高销售净利率，一是扩大销售，提升销售收入；二是降低成本费用，控制不必要支出。

（5）影响总资产周转率的一个重要因素是资产总额。

（6）资产总额由流动资产和非流动资产构成，它们的结构是否合理将直接影响资产的周转速度。一般来说，流动资产直接体现企业的偿债能力和变现能力，而非流动资产则体现这个企业的经营规模和发展潜质。两者之间应该有一个合理的比例搭配。如果企业持有的货币资金过多，会直接影响企业的盈利能力；如果企业占有过多的存货和应收账款，则既影响获利能力，又影响偿债能力。因此，还应进一步分析各项资产的占用数额和周转速度。

（7）权益乘数主要受资产负债率指标的影响。

（8）资产负债率越高，权益乘数就越高，说明企业的负债程度越高，给企业带来了较多的杠杆利益，与此同时，也带来了较大的风险。

9.4 企业综合评价

在日常工作中，各公司常习惯使用财务指标上分析和衡量一个企业的经营业绩好坏，但财务指标是一种滞后指标，不能指示出企业的未来，并且会导致管理人员无长远意识，阻碍公司可持续发展，致使企业丧失竞争优势。

在本课程中，企业综合评价如何接近企业的真实价值，并且能反映企业的未来发展前景？在综合考虑各方面因素的基础上，给出如下公式

总体评价值＝所有者权益×（1＋企业综合发展潜力/100）

企业综合发展能力综合考虑因素包括企业厂房、机器设备等资产情况、新产品研发状况、市场开发、资格认证等。

9.5 企业经营分析报告

9.5.1 经营分析报告的使用者和编制者

广义经营分析报告的报送和阅读对象，包括企业管理者、企业所有者或股东、政府管理部门、企业员工（例如，平衡记分卡要求与员工的广泛沟通）、银行或债权人等。

狭义经营分析报告主要用于企业评价、分析和改进内部管理，报告的编制人员主要是企业的财务、营销、生产的管理人员，分公司或地区经理等。综合性报告涉及的知识面广，专业性较强，由财务人员和其他专业技术人员组成的团队，应该是更好的选择。而新兴的经济附加值法和平衡记分卡法，主持评价的专家组会成为编制报告的中心。

报告的分析对象或客体，可以是整个企业、企业下属的业务部门、分公司或某项企业

的业务活动等。

9.5.2　经营分析报告编制的基本要求

首先,经营分析报告的主要内容与格式要适应评价方法的要求,也要考虑报告使用者的要求。企业评价方法通常是由企业的所有者、高层管理者或政府管理部门决定的。经营分析报告是企业对自身经营成果进行分析评价的一种书面描述。所以,无论是内部使用还是对外发布或上报,在基本内容和格式上都要反映和适应企业所选择或要求的分析评价方法。例如,一般的经营分析报告或强调综合性的财务分析报告。大多采用杜邦财务分析模型或者结合企业实际,增加适当的非财务指标来解释一定时期取得的财务成果,当企业选择平衡计分卡评价方法时,报告的主要内容就要围绕债务、顾客、业务流程和学习与创新等来设计报告的基本结构。原则上讲,企业管理者在选择评价方法时,就已经表明了他们对企业管理信息的主要需求意图。

其次,要使用统一、规范的财务指标、经营指标和计算方法,以便于交流和比较。使用统一、规范的指标,是狭义经营分析报告实现交流和横向比较的必要条件。

再次,在评价指标和数据的选择上,既要反映经营成果全貌,突出重点,又要考虑数据的连续性和可比范围等。

最后,经营分析报告应当力争做到:结构严谨,层次清晰;主题突出,问题准确;建议可靠,有说服力;语言流畅、通顺、简明,避免口语化和使用自己杜撰的概念等。适当的图表的引用,往往能够让复杂的问题简单化,使报告更加简明、易读和有说服力。

9.5.3　企业分析报告的编制

1. 企业经营分析报告的基本格式

(1)基本成果描述——背景介绍。

(2)横比、纵比——发现或提出问题。

(3)财务与非财务指标的分析、分解——分析原因,揭示因果联系。

(4)提出发展或改进建议——解决问题、支持决策。

这样的结构具有基本的逻辑性,可以让报告为企业管理层提供更好的决策支持。

2. 经营分析报告的结构要素

经营分析报告的结构要素包括以下几项:

(1)标题。标题应简明扼要,准确反映报告的主要内容。也可以通过主副标题的方式,在标题中将报告的分析期(如第 X 季度或 XXXX 年度等)和报告的分析对象范围予以明确,以方便文件的管理和报告使用者的阅读。

(2)报告摘要。报告摘要是对本期报告核心内容的高度浓缩。要让报告使用者通过对摘要的阅读,只用一两分钟的时间,就对报告的基本内容有一个大概的了解。要使熟悉企业运营的高层管理者,看了摘要后就基本满足或有选择地查阅几个细节;使不熟悉的用户能够根据自己的需要进行有选择地阅读。所以,报告摘要应当用最简明的语言陈述下列问题:企业经营在特定期间取得的主要成果是什么?有何新成就、新变化或新问题?主要原因何在?主要建议或措施有哪些?能取得怎样的预期效果?

(3) 经营概况描述。经营概况描述部分对企业在分析期内的经营状况和成果做简要说明,对计划执行情况和主要指标完成情况主要以数据进行描述,以概括地反映企业经营的基本面貌。其中涉及的主要指标,通常是由所选择的评价方法、企业规章制度等决定的。

(4) 主要指标完成情况的分析与评价。一般要对主要经营分析指标采用绝对数和相对数指标的方法,将实际指标与计划指标、本期与上年同期指标进行对比。有时还需要与历史最高水平以及与同行业其他企业进行对比,通过对实际完成的异常指标值的发现、分析和评价,深入查找与分析数据异常背后的原因、存在的问题等,以便提出改进建议。

(5) 建议和措施。经营分析报告是一种常规性的企业管理文件,改进管理是其重要功能之一。报告应当利用对整体情况和数据掌握的优势,针对企业内外环境的实际,包括取得的成就或存在的问题等,有针对性地提出一些或巩固,或发展,或改进的建议和措施等。

9.5.4 企业分析报告示例

A 沙盘企业 2012 年度主要财务报表

表 9.8 综合费用表 利润表

单位:百万元

项目	金额		项目	金额	
管理费	4	4	销售收入	119	150
广告费	4	6	直接成本	50	65
设备维护费	4	6	毛利	69	85
损失	0	0	综合费用	31	30
转产费	0	0	折旧前利润	38	55
厂房租金	5	5	折旧	16	22
新市场开拓	6	6	支付利息前利润	22	33
ISO 资格认证	4	2	财务费用	8	10
产品研发	4	1	税前利润	14	23
信息费	0	0	所得税	0	0
合 计	31	30	年度净利润	14	23

表9.9 资产负债表

单位:百万元

项目	金额 期初	金额 期末	项目	金额 期初	金额 期末
现金	34	65	长期负债	100	120
应收款	24	45	短期负债	0	40
在制品	9	11	应交所得税	0	0
产成品	16	6	—	—	—
原材料	4	3	—	—	—
流动资产合计	87	130	负债合计	100	160
厂房	30	30	股东资本	70	70
生产线	15	55	利润留存	-22	-8
在建工程	30	0	年度净利	14	23
固定资产合计	75	85	所有者权益合计	62	55
资产总计	162	215	负债和所有者权益总计	162	215

注:库存折价拍价,生产线变卖,紧急采购,订单违约记入损失。

财务分析报告示例
——A公司2012年度

本企业经过一年的经营,在发展的过程中不断壮大,能适度负债,能充分利用财务杠杆,努力提高销售利润,整体销售情况良好,但对于市场及产品选择与组合方面,应多加改善,以适应不断变化的市场需求,本年度本地销售额5 000万,同比增加500万;国内(除本地市场外)销售额为3 000万,同比增加1 000万;国际市场销售额为7 000万,同比增加1 500万;成本费用控制方面,本年度问题突出,应通过适度调整,降低相应指标,以提高利润,争取实现下年利润提高50%。

一、利润分析

1. 利润额增减变动分析

(1)净利润分析。本年度公司实现净利润2 300万元,比上年同期增加了900万元,增幅64.29%。净利润上升原因:利润总额增加是净利润增加的主要原因。

(2)EBIT分析。EBIT总额3 300万元,同比上年同期2 200万元增加1 100万元,上升50%。影响EBIT的是销售毛利同比增加1 700万元。

(3)产品销售毛利分析。产品销售毛利8 500万元,同比6 900万元,上升23.19%。影响产品销售毛利的有利因素是销售收入同比增加3 100万元,增长率26.05%。不利因素是由于今年销售广告费及相应的贷款利息比上年大幅增长,销售费用、财务费用同比增加额均是200万元,分别增长50%和25%,这很大程度上限制了销售毛利的增长。

二、收入分析

1. 销售收入的销售数量与销售价格分析

本年度本企业销售收入中本地销售、国内销售、国际销售在收入结构所占比重分别是 33.33%、20%、46.67%。其中以出口业务量最大,其对销售总额、成本总额的影响也最大。

(1) 本地因销售业务量增加影响,销售收入(人民币)较上年同期增加 500 万元,增长 10%。

(2) 尽管 6 月调整了部分出口产品种类,但因价格较低并未过多影响国际市场的销售。

(3) 由于出口销售业务扩大,因销售量的变动影响同比增加销售收入 1 500 万元。

2. 销售收入的赊销情况分析

2012 年应收账款期末余额 4 500 万元;与上期的 2 400 万元相比,增加了 2 100 万元,应收账款增长了 87.5%。其中,1 季度的应收账款 1 500 万元,占赊销总额的 33.33%,3 季度的应收账款为 1 500 万元,应收账款账龄在 1 年以上的有 1 500 万元,占 33.33%。说明销售收入中应收账款赊销比重在加大,其中值得注意的是:账龄 1 年以上的应收账款的回收。

三、成本费用分析

1. 产品销售成本分析

(1) 全部销售成本完成情况分析。全部产品销售成本 6 500 万元,较上年同期 5 000 万元增长 30%。其中:

① 出口产品销售成本 3 000 万元,占成本总额的 46.15%,同比增加 1 000 万元,增长 20%。

② 本地及国内产品销售成本 4 500 万元,占成本总额的 53.85%,同比上年增加 500 万元,增长 16%。

2. 各项费用完成情况分析

期间费用共计 3 000 万元,比上年同期的 3 100 万下降了 3.23%;其中,销售费用、财务费用增加是费用总额增加的主要原因。

(1) 销售费用(仅指广告费)分析。销售费用 600 万元,占费用总额 3 000 万的 20%;与上年同比增加 200 万元。销售费用变动的原因:由于公司销售业务量加大,广告会务费等方面的开支也有一定的增加。但与此同时,也给本企业带来了更大的利润。

(2) 财务费用分析。本年度财务费用支出 1 000 万元,同比增加 200 万元,增长 25%。其中,短期借款利息支出 0 万元,长期借款利息支出 1 000 万元。其中长期借款利息支出增加是财务费用总额同比增加的主要原因。

四、有关财务指标分析

1. 偿债能力分析

流动比率 3.25,速动比率 2.75,说明企业偿还流动负债的能力较强,但速动比率过高表明企业会因现金及应收账款占用过多而增加企业的机会成本,影响企业的获利能力。

资产负债率 0.56,说明利用较少的自有资本投资形成较多的生产经营用资产,不仅扩大了生产经营规模,而且在经营状况良好的情况下,还可以利用财务杠杆的原理,得到较多的投资利润;产权比率1.26,产权比率略高,说明企业长期偿债能力较弱,债权人权益的保障程度越低,承担的风险越大,但企业能充分地发挥负债的财务杠杆效应。因此应在保障债务偿还安全的前提下,尽可能控制产权比率。

2. 运营能力分析

流动资产周转率72.33%,表明本企业流动资产利用效果较好,在经历生产和销售各阶段时所占用的时间较短,利于企业进行下个阶段的生产经营;固定资产周转率28.75%,表明本企业固定资产利用不充分,同时也能表明企业固定资产投资失当,固定资产结构不合理,不能够充分发挥效率;总资产周转率79.58%,说明本企业利用全部资产进行经营的效率较差,企业应采取各项措施来提高企业的资产利用程度,比如提高销售收入或处理多余的资产等。

3. 获利能力分析

营业毛利率1.31,表明企业市场竞争力强,特别是国际市场的竞争能力较强,发展潜力大,盈利能力较强;但本企业营业利润率仅为15.33%,表明企业为取得利润而付出的代价较大,成本费用控制得不好,获利能力一般;净资产收益率39.32%,说明企业自有资本获取收益的能力越弱,运营效益一般,对企业投资人、债权人利益的保证程度不高。

4. 发展能力分析

营业收入增长率0.26,表明企业本年营业收入有所增长,企业市场前景较好;资本保值增值率0.89,说明本企业资本保值情况不好,所有者权益增长缓慢;营业利润增长率0.64,表明企业营业利润上涨,发展势头较好。

五、存在问题及分析

(1)产品销售成本的增长率与上年同比小于产品销售收入的增长率。具体表现在:成本增长率小于收入增长率;毛利及毛利率上升;本地、国内特别是国际市场产品销售呈良好发展态势,收入增长大于成本增长。

(2)负债增加,获利能力无明显变化,偿债风险不大。

(3)成本费用控制较差,企业资金流转速率较慢。

六、意见和改进措施

(1)建议企业在可控制范围内,节约三项费用,扩大销售途径,提高销售收入。

(2)成本费用利润率低是目前制约公司盈利能力的瓶颈。建议在扩大销售业务的同时狠抓产品成本节能降耗,分析产品原材料利用率增减变化原因,向管理、生产要利润。

(3)应收账款赊销比重过大,为有效控制财务风险,建议在加紧应收款项的催收力度的同时,适度从紧控制赊销比例。对于出现不良或风险欠款的销售区域,应对赊销收入特别关注。应合理利用资金,时刻重视现金流量,降低财务风险。

第10章

企业经营用表及附录

10.1 实物沙盘各年经营用表

起始年

企业经营流程 请按顺序执行下列各项操作	每执行完一项操作,CEO请在相应的方格内打钩 财务总监(助理)在方格中填写现金收支情况			
新年度规划会议				
参加订货会/登记销售订单				
制订新年度计划				
支付应付税				
季初现金盘点(请填余额)				
更新短期贷款/还本付息/申请短期贷款(高利贷)				
更新应付款/归还应付款				
原材料入库/更新原料订单				
下原料订单				
更新生产/完工入库				
投资新生产线/变卖生产线/生产线转产				
向其他企业购买原材料/出售原材料				
开始下一批生产				
更新应收款/应收款收现				
出售厂房				
向其他企业购买成品/出售成品				
按订单交货				
产品研发投资				
支付行政管理费				
其他现金收支情况登记				
支付利息/更新长期贷款/申请长期贷款				
支付设备维护费				
支付租金/购买厂房				
计提折旧				( )
新市场开拓/ISO资格认证投资				
结账				
现金收入合计				
现金支出合计				
期末现金对账(请填余额)				

订单登记表

订单号								合计
市场								
产品								
数量								
账期								
销售额								
成本								
毛利								
未售								

产品核算统计表

	P1	P2	P3	P4	合计
数量					
销售额					
成本					
毛利					

综合管理费用明细表

单位：百万

项目	金额	备注
管理费		
广告费		
设备维护费		
租金		
转产费		
市场准入开拓		□区域　□国内　□亚洲　□国际
ISO 资格认证		□ISO 9000　　□ISO 14000
产品研发		P2(　)　P3(　)　P4(　)
其他		
合计		

利 润 表

项　　目	上 年 数	本 年 数
销售收入	35	
直接成本	12	
毛利	23	
综合费用	11	
折旧前利润	12	
折旧	4	
支付利息前利润	8	
财务收入/支出	4	
其他收入/支出		
税前利润	4	
所得税	1	
净利润	3	

资产负债表

资　　产	期初数	期末数	负债和所有者权益	期初数	期末数
流动资产：			负债：		
现金	20		长期负债	40	
应收款	15		短期负债		
在制品	8		应付账款		
成品	6		应交税金	1	
原料	3		一年内到期的长期负债		
流动资产合计	52		负债合计	41	
固定资产：			所有者权益：		
土地和建筑	40		股东资本	50	
机器与设备	13		利润留存	11	
在建工程			年度净利	3	
固定资产合计	53		所有者权益合计	64	
资产总计	105		负债和所有者权益总计	105	

第一年

企业经营流程 请按顺序执行下列各项操作	每执行完一项操作,CEO 请在相应的方格内打钩 财务总监(助理)在方格中填写现金收支情况			
新年度规划会议				
参加订货会/登记销售订单				
制订新年度计划				
支付应付税				
季初现金盘点(请填余额)				
更新短期贷款/还本付息/申请短期贷款(高利贷)				
更新应付款/归还应付款				
原材料入库/更新原料订单				
下原料订单				
更新生产/完工入库				
投资新生产线/变卖生产线/生产线转产				
向其他企业购买原材料/出售原材料				
开始下一批生产				
更新应收款/应收款收现				
出售厂房				
向其他企业购买成品/出售成品				
按订单交货				
产品研发投资				
支付行政管理费				
其他现金收支情况登记				
支付利息/更新长期贷款/申请长期贷款				
支付设备维护费				
支付租金/购买厂房				
计提折旧				( )
新市场开拓/ISO 资格认证投资				
结账				
现金收入合计				
现金支出合计				
期末现金对账(请填余额)				

现金预算表

	1	2	3	4
期初库存现金				
支付上年应交税				
市场广告投入				
贴现费用				
利息（短期贷款）				
支付到期短期贷款				
原料采购支付现金				
转产费用				
生产线投资				
工人工资				
产品研发投资				
收到现金前的所有支出				
应收款到期				
支付管理费用				
利息（长期贷款）				
支付到期长期贷款				
设备维护费用				
租金				
购买新建筑				
市场开拓投资				
ISO认证投资				
其他				
库存现金余额				

要点记录

第一季度：_____

第二季度：_____

第三季度：_____

第四季度：_____

年底小结：_____

订单登记表

订单号									合计
市场									
产品									
数量									
账期									
销售额									
成本									
毛利									
未售									

产品核算统计表

	P1	P2	P3	P4	合计
数量					
销售额					
成本					
毛利					

综合管理费用明细表

单位:百万

项目	金额	备注
管理费		
广告费		
设备维护费		
租金		
转产费		
市场准入开拓		□区域　□国内　□亚洲　□国际
ISO 资格认证		□ISO 9000　□ISO 14000
产品研发		P2(　)　P3(　)　P4(　)
其他		
合计		

利 润 表

项 目	上 年 数	本 年 数
销售收入		
直接成本		
毛利		
综合费用		
折旧前利润		
折旧		
支付利息前利润		
财务收入/支出		
其他收入/支出		
税前利润		
所得税		
净利润		

资产负债表

资 产	期初数	期末数	负债和所有者权益	期初数	期末数
流动资产:			负债:		
现金			长期负债		
应收款			短期负债		
在制品			应付账款		
成品			应交税金		
原料			一年内到期的长期负债		
流动资产合计			负债合计		
固定资产:			所有者权益:		
土地和建筑			股东资本		
机器与设备			利润留存		
在建工程			年度净利		
固定资产合计			所有者权益合计		
资产总计			负债和所有者权益总计		

第 二 年

企业经营流程 请按顺序执行下列各项操作	每执行完一项操作，CEO 请在相应的方格内打钩 财务总监（助理）在方格中填写现金收支情况			
新年度规划会议		▓	▓	▓
参加订货会/登记销售订单				
制订新年度计划		▓	▓	▓
支付应付税		▓	▓	▓
季初现金盘点（请填余额）				
更新短期贷款/还本付息/申请短期贷款（高利贷）				
更新应付款/归还应付款				
原材料入库/更新原料订单				
下原料订单				
更新生产/完工入库				
投资新生产线/变卖生产线/生产线转产				
向其他企业购买原材料/出售原材料				
开始下一批生产				
更新应收款/应收款收现				
出售厂房				
向其他企业购买成品/出售成品				
按订单交货				
产品研发投资				
支付行政管理费				
其他现金收支情况登记				
支付利息/更新长期贷款/申请长期贷款		▓	▓	▓
支付设备维护费		▓	▓	▓
支付租金/购买厂房		▓	▓	▓
计提折旧				（ ）
新市场开拓/ISO 资格认证投资		▓	▓	▓
结账		▓	▓	▓
现金收入合计				
现金支出合计				
期末现金对账（请填余额）				

现金预算表

	1	2	3	4
期初库存现金				
支付上年应交税				
市场广告投入				
贴现费用				
利息（短期贷款）				
支付到期短期贷款				
原料采购支付现金				
转产费用				
生产线投资				
工人工资				
产品研发投资				
收到现金前的所有支出				
应收款到期				
支付管理费用				
利息（长期贷款）				
支付到期长期贷款				
设备维护费用				
租金				
购买新建筑				
市场开拓投资				
ISO 认证投资				
其他				
库存现金余额				

要点记录

第一季度：_____

第二季度：_____

第三季度：_____

第四季度：_____

年底小结：_____

订单登记表

订单号									合计
市场									
产品									
数量									
账期									
销售额									
成本									
毛利									
未售									

产品核算统计表

	P1	P2	P3	P4	合计
数量					
销售额					
成本					
毛利					

综合管理费用明细表

单位：百万

项目	金额	备注
管理费		
广告费		
设备维护费		
租金		
转产费		
市场准入开拓		□区域　□国内　□亚洲　□国际
ISO资格认证		□ISO 9000　　□ISO 14000
产品研发		P2(　)　P3(　)　P4(　)
其他		
合计		

利 润 表

项　　目	上 年 数	本 年 数
销售收入		
直接成本		
毛利		
综合费用		
折旧前利润		
折旧		
支付利息前利润		
财务收入/支出		
其他收入/支出		
税前利润		
所得税		
净利润		

资产负债表

资　　产	期初数	期末数	负债和所有者权益	期初数	期末数
流动资产:			负债:		
现金			长期负债		
应收款			短期负债		
在制品			应付账款		
成品			应交税金		
原料			一年内到期的长期负债		
流动资产合计			负债合计		
固定资产:			所有者权益:		
土地和建筑			股东资本		
机器与设备			利润留存		
在建工程			年度净利		
固定资产合计			所有者权益合计		
资产总计			负债和所有者权益总计		

第 三 年

企业经营流程 请按顺序执行下列各项操作	每执行完一项操作,CEO 请在相应的方格内打钩 财务总监(助理)在方格中填写现金收支情况			
新年度规划会议	■	■	■	■
参加订货会/登记销售订单	■	■	■	■
制订新年度计划	■	■	■	■
支付应付税	■	■	■	■
季初现金盘点(请填余额)				
更新短期贷款/还本付息/申请短期贷款(高利贷)				
更新应付款/归还应付款				
原材料入库/更新原料订单				
下原料订单				
更新生产/完工入库				
投资新生产线/变卖生产线/生产线转产				
向其他企业购买原材料/出售原材料				
开始下一批生产				
更新应收款/应收款收现				
出售厂房				
向其他企业购买成品/出售成品				
按订单交货				
产品研发投资				
支付行政管理费				
其他现金收支情况登记				
支付利息/更新长期贷款/申请长期贷款	■	■	■	
支付设备维护费				
支付租金/购买厂房				
计提折旧	■	■	■	( )
新市场开拓/ISO 资格认证投资	■	■	■	
结账	■	■	■	
现金收入合计				
现金支出合计				
期末现金对账(请填余额)				

现金预算表

	1	2	3	4
期初库存现金				
支付上年应交税				
市场广告投入				
贴现费用				
利息（短期贷款）				
支付到期短期贷款				
原料采购支付现金				
转产费用				
生产线投资				
工人工资				
产品研发投资				
收到现金前的所有支出				
应收款到期				
支付管理费用				
利息（长期贷款）				
支付到期长期贷款				
设备维护费用				
租金				
购买新建筑				
市场开拓投资				
ISO 认证投资				
其他				
库存现金余额				

要点记录

第一季度：_____

第二季度：_____

第三季度：_____

第四季度：_____

年底小结：_____

订单登记表

订单号								合计
市场								
产品								
数量								
账期								
销售额								
成本								
毛利								
未售								

产品核算统计表

	P1	P2	P3	P4	合计
数量					
销售额					
成本					
毛利					

综合管理费用明细表

单位:百万

项 目	金 额	备 注
管理费		
广告费		
设备维护费		
租 金		
转产费		
市场准入开拓		□区域 □国内 □亚洲 □国际
ISO 资格认证		□ISO 9000 □ISO 14000
产品研发		P2( ) P3( ) P4( )
其 他		
合 计		

利 润 表

项　　目	上 年 数	本 年 数
销售收入		
直接成本		
毛利		
综合费用		
折旧前利润		
折旧		
支付利息前利润		
财务收入/支出		
其他收入/支出		
税前利润		
所得税		
净利润		

资产负债表

资　　产	期初数	期末数	负债和所有者权益	期初数	期末数
流动资产：			负债：		
现金			长期负债		
应收款			短期负债		
在制品			应付账款		
成品			应交税金		
原料			一年内到期的长期负债		
流动资产合计			负债合计		
固定资产：			所有者权益：		
土地和建筑			股东资本		
机器与设备			利润留存		
在建工程			年度净利		
固定资产合计			所有者权益合计		
资产总计			负债和所有者权益总计		

第 四 年

企业经营流程 请按顺序执行下列各项操作	每执行完一项操作,CEO 请在相应的方格内打钩 财务总监(助理)在方格中填写现金收支情况			
新年度规划会议		■	■	■
参加订货会/登记销售订单		■	■	■
制订新年度计划		■	■	■
支付应付税		■	■	■
季初现金盘点(请填余额)				
更新短期贷款/还本付息/申请短期贷款(高利贷)				
更新应付款/归还应付款				
原材料入库/更新原料订单				
下原料订单				
更新生产/完工入库				
投资新生产线/变卖生产线/生产线转产				
向其他企业购买原材料/出售原材料				
开始下一批生产				
更新应收款/应收款收现				
出售厂房				
向其他企业购买成品/出售成品				
按订单交货				
产品研发投资				
支付行政管理费				
其他现金收支情况登记				
支付利息/更新长期贷款/申请长期贷款	■	■	■	■
支付设备维护费	■	■	■	■
支付租金/购买厂房	■	■	■	■
计提折旧				( )
新市场开拓/ISO 资格认证投资	■	■	■	■
结账	■	■	■	■
现金收入合计				
现金支出合计				
期末现金对账(请填余额)				

现金预算表

	1	2	3	4
期初库存现金				
支付上年应交税				
市场广告投入				
贴现费用				
利息(短期贷款)				
支付到期短期贷款				
原料采购支付现金				
转产费用				
生产线投资				
工人工资				
产品研发投资				
收到现金前的所有支出				
应收款到期				
支付管理费用				
利息(长期贷款)				
支付到期长期贷款				
设备维护费用				
租金				
购买新建筑				
市场开拓投资				
ISO 认证投资				
其他				
库存现金余额				

要点记录

第一季度：_____

第二季度：_____

第三季度：_____

第四季度：_____

年底小结：_____

订单登记表

订单号								合计
市场								
产品								
数量								
账期								
销售额								
成本								
毛利								
未售								

产品核算统计表

	P1	P2	P3	P4	合计
数量					
销售额					
成本					
毛利					

综合管理费用明细表   单位:百万

项目	金额	备注
管理费		
广告费		
设备维护费		
租金		
转产费		
市场准入开拓		□区域　□国内　□亚洲　□国际
ISO 资格认证		□ISO 9000　□ISO 14000
产品研发		P2(　) P3(　) P4(　)
其他		
合计		

利 润 表

项 目	上年数	本年数
销售收入		
直接成本		
毛利		
综合费用		
折旧前利润		
折旧		
支付利息前利润		
财务收入/支出		
其他收入/支出		
税前利润		
所得税		
净利润		

资产负债表

资 产	期初数	期末数	负债和所有者权益	期初数	期末数
流动资产:			负债:		
现金			长期负债		
应收款			短期负债		
在制品			应付账款		
成品			应交税金		
原料			一年内到期的长期负债		
流动资产合计			负债合计		
固定资产:			所有者权益:		
土地和建筑			股东资本		
机器与设备			利润留存		
在建工程			年度净利		
固定资产合计			所有者权益合计		
资产总计			负债和所有者权益总计		

第五年

企业经营流程 请按顺序执行下列各项操作	每执行完一项操作,CEO 请在相应的方格内打钩 财务总监(助理)在方格中填写现金收支情况				
新年度规划会议					
参加订货会/登记销售订单					
制订新年度计划					
支付应付税					
季初现金盘点(请填余额)					
更新短期贷款/还本付息/申请短期贷款(高利贷)					
更新应付款/归还应付款					
原材料入库/更新原料订单					
下原料订单					
更新生产/完工入库					
投资新生产线/变卖生产线/生产线转产					
向其他企业购买原材料/出售原材料					
开始下一批生产					
更新应收款/应收款收现					
出售厂房					
向其他企业购买成品/出售成品					
按订单交货					
产品研发投资					
支付行政管理费					
其他现金收支情况登记					
支付利息/更新长期贷款/申请长期贷款					
支付设备维护费					
支付租金/购买厂房					
计提折旧					( )
新市场开拓/ISO 资格认证投资					
结账					
现金收入合计					
现金支出合计					
期末现金对账(请填余额)					

现金预算表

	1	2	3	4
期初库存现金				
支付上年应交税				
市场广告投入				
贴现费用				
利息(短期贷款)				
支付到期短期贷款				
原料采购支付现金				
转产费用				
生产线投资				
工人工资				
产品研发投资				
收到现金前的所有支出				
应收款到期				
支付管理费用				
利息(长期贷款)				
支付到期长期贷款				
设备维护费用				
租金				
购买新建筑				
市场开拓投资				
ISO认证投资				
其他				
库存现金余额				

要点记录

第一季度：＿＿＿＿＿＿＿＿＿＿＿＿＿＿＿＿＿＿＿＿＿＿＿＿＿＿＿＿＿＿＿＿＿＿＿

第二季度：＿＿＿＿＿＿＿＿＿＿＿＿＿＿＿＿＿＿＿＿＿＿＿＿＿＿＿＿＿＿＿＿＿＿＿

第三季度：＿＿＿＿＿＿＿＿＿＿＿＿＿＿＿＿＿＿＿＿＿＿＿＿＿＿＿＿＿＿＿＿＿＿＿

第四季度：＿＿＿＿＿＿＿＿＿＿＿＿＿＿＿＿＿＿＿＿＿＿＿＿＿＿＿＿＿＿＿＿＿＿＿

年底小结：＿＿＿＿＿＿＿＿＿＿＿＿＿＿＿＿＿＿＿＿＿＿＿＿＿＿＿＿＿＿＿＿＿＿＿

订单登记表

订单号									合计
市场									
产品									
数量									
账期									
销售额									
成本									
毛利									
未售									

产品核算统计表

	P1	P2	P3	P4	合计
数量					
销售额					
成本					
毛利					

综合管理费用明细表

单位：百万

项目	金额	备注
管理费		
广告费		
设备维护费		
租金		
转产费		
市场准入开拓		□区域　□国内　□亚洲　□国际
ISO 资格认证		□ISO 9000　□ISO 14000
产品研发		P2(　)　P3(　)　P4(　)
其他		
合计		

利 润 表

项　　目	上 年 数	本 年 数
销售收入		
直接成本		
毛利		
综合费用		
折旧前利润		
折旧		
支付利息前利润		
财务收入/支出		
其他收入/支出		
税前利润		
所得税		
净利润		

资产负债表

资　　产	期初数	期末数	负债和所有者权益	期初数	期末数
流动资产：			负债：		
现金			长期负债		
应收款			短期负债		
在制品			应付账款		
成品			应交税金		
原料			一年内到期的长期负债		
流动资产合计			负债合计		
固定资产：			所有者权益：		
土地和建筑			股东资本		
机器与设备			利润留存		
在建工程			年度净利		
固定资产合计			所有者权益合计		
资产总计			负债和所有者权益总计		

第 六 年

企业经营流程 请按顺序执行下列各项操作	每执行完一项操作，CEO 请在相应的方格内打钩 财务总监（助理）在方格中填写现金收支情况				
新年度规划会议					
参加订货会/登记销售订单					
制订新年度计划					
支付应付税					
季初现金盘点（请填余额）					
更新短期贷款/还本付息/申请短期贷款（高利贷）					
更新应付款/归还应付款					
原材料入库/更新原料订单					
下原料订单					
更新生产/完工入库					
投资新生产线/变卖生产线/生产线转产					
向其他企业购买原材料/出售原材料					
开始下一批生产					
更新应收款/应收款收现					
出售厂房					
向其他企业购买成品/出售成品					
按订单交货					
产品研发投资					
支付行政管理费					
其他现金收支情况登记					
支付利息/更新长期贷款/申请长期贷款					
支付设备维护费					
支付租金/购买厂房					
计提折旧					（ ）
新市场开拓/ISO 资格认证投资					
结账					
现金收入合计					
现金支出合计					
期末现金对账（请填余额）					

第10章 企业经营用表及附录

现金预算表

	1	2	3	4
期初库存现金				
支付上年应交税				
市场广告投入				
贴现费用				
利息(短期贷款)				
支付到期短期贷款				
原料采购支付现金				
转产费用				
生产线投资				
工人工资				
产品研发投资				
收到现金前的所有支出				
应收款到期				
支付管理费用				
利息(长期贷款)				
支付到期长期贷款				
设备维护费用				
租金				
购买新建筑				
市场开拓投资				
ISO认证投资				
其他				
库存现金余额				

要点记录
第一季度：_____
第二季度：_____
第三季度：_____
第四季度：_____
年底小结：_____

订单登记表

订单号									合计
市场									
产品									
数量									
账期									
销售额									
成本									
毛利									
未售									

产品核算统计表

	P1	P2	P3	P4	合计
数量					
销售额					
成本					
毛利					

综合管理费用明细表

单位:百万

项目	金额	备注
管理费		
广告费		
设备维护费		
租金		
转产费		
市场准入开拓		□区域　□国内　□亚洲　□国际
ISO 资格认证		□ISO 9000　□ISO 14000
产品研发		P2(　) P3(　) P4(　)
其他		
合计		

利润表

项　　目	上　年　数	本　年　数
销售收入		
直接成本		
毛利		
综合费用		
折旧前利润		
折旧		
支付利息前利润		
财务收入/支出		
其他收入/支出		
税前利润		
所得税		
净利润		

资产负债表

资　　产	期初数	期末数	负债和所有者权益	期初数	期末数
流动资产：			负债：		
现金			长期负债		
应收款			短期负债		
在制品			应付账款		
成品			应交税金		
原料			一年内到期的长期负债		
流动资产合计			负债合计		
固定资产：			所有者权益：		
土地和建筑			股东资本		
机器与设备			利润留存		
在建工程			年度净利		
固定资产合计			所有者权益合计		
资产总计			负债和所有者权益总计		

10.2 电子沙盘各年经营用表

第一年现金预算表

时间(季)	1	2	3	4
期初库存现金				
贴现收入				
支付上年应缴税费				
市场广告投入				
长期贷款本息收支				
支付到期短期贷款本息				
申请短期贷款				
原料采购支付现金				
厂房租买开支				
生产线(新在建、转、卖)				
工人工资				
应收款到期				
产品研发投资				
支付管理费用及厂房续租				
市场及ISO开发				
设备维护费用				
违约罚款				
其他				
库存现金余额				

要点记录
第一季度：_____
第二季度：_____
第三季度：_____
第四季度：_____
年底小结：_____

第一年经营流程表

操作顺序	请按顺序执行下列各项操作。各总监在方格中填写原材料采购/在制品/产品出库及入库情况。其中：入库数量为"+"，出库数量为"-"。季末入库合计为"+"数据相加，季末出库合计为"-"数据相加。				
年初	新年度规划会议				
	选单及招标竞单				
	制订新年度计划				
	支付应付税				
	支付长贷利息				
	更新长期贷款/长期贷款还款				
	申请长期贷款				
	原材料/在制品/产品库存台账	一季度	二季度	三季度	四季度
1	季初盘点（请填数量）				
2	更新短期贷款/短期贷款还本付息				
3	申请短期贷款				
4	原材料入库/更新原料订单				
5	下原料订单				
6	购买/租用厂房				
7	更新生产/完工入库				
8	新建/在建/转产/变卖生产线				
9	紧急采购原料（随时进行）				
10	开始下一批生产				
11	更新应收款/应收款收现				
12	按订单交货				
13	产品研发投资				
14	厂房出售（买转租）/退租/租转买				
15	新市场开拓/ISO 资格投资				
16	支付管理费/更新厂房租金				
17	出售库存				
18	厂房贴现				
19	应收款贴现				
20	季末出库合计				
21	季末支出合计				
22	季末数额对账[1项+20项+21项]				
年末	缴纳违约订单罚款				
	支付设备维护费				
	计提折旧				
	新市场/ISO 资格换证				
	结账				

订单登记表

订单号									合计
市场									
产品									
数量									
账期									
销售额									
成本									
毛利									
未售									

产品核算统计表

	P1	P2	P3	P4	合计
数量					
销售额					
成本					
毛利					

市场核算统计表

	本地	区域	国内	亚洲	国际	合计
数量						
销售额						
成本						
毛利						

组间交易明细表

买入			卖出		
产品	数量	金额	产品	数量	金额

综合管理费用明细表　　　　　　　　　　　　　　　　　单位:百万

项　目	金　额	备　　注
管理费		
广告费		
设备维护费		
租　金		
转产费		
市场准入开拓		□区域　□国内　□亚洲　□国际
ISO 资格认证		□ISO 9000　□ISO 14000
产品研发		P1(　)　P2(　)　P3(　)　P4(　)
其他损失		
信息费		
合　计		

利 润 表

项 目	上 年 数	本 年 数
销售收入		
直接成本		
毛利		
综合费用		
折旧前利润		
折旧		
支付利息前利润		
财务收入/支出		
其他收入/支出		
税前利润		
所得税		
净利润		

资产负债表

资 产	期初数	期末数	负债和所有者权益	期初数	期末数
流动资产：			负债：		
现金			长期负债		
应收款			短期负债		
在制品			应付账款		
成品			应交税金		
原料			一年内到期的长期负债		
流动资产合计			负债合计		
固定资产：			所有者权益：		
土地和建筑			股东资本		
机器与设备			利润留存		
在建工程			年度净利		
固定资产合计			所有者权益合计		
资产总计			负债和所有者权益总计		

注：库存折价拍卖、生产线变卖、紧急采购、订单违约，及注资计入损失。

第二年现金预算表

时间(季)	1	2	3	4
期初库存现金				
贴现收入				
支付上年应缴税费				
市场广告投入				
长期贷款本息收支				
支付到期短期贷款本息				
申请短期贷款				
原料采购支付现金				
厂房租买开支				
生产线(新在建、转、卖)				
工人工资				
应收款到期				
产品研发投资				
支付管理费用及厂房续租				
市场及 ISO 开发				
设备维护费用				
违约罚款				
其他				
库存现金余额				

要点记录
第一季度：_____
第二季度：_____
第三季度：_____
第四季度：_____
年底小结：_____

第二年经营流程表

操作顺序		请按顺序执行下列各项操作。各总监在方格中填写原材料采购/在制品/产品出库及入库情况。其中：入库数量为"+"，出库数量为"－"。季末入库合计为"+"数据相加，季末出库合计为"－"数据相加。				
年初		新年度规划会议				
		选单及招标竞单				
		制订新年度计划				
		支付应付税				
		支付长贷利息				
		更新长期贷款/长期贷款还款				
		申请长期贷款				
		原材料/在制品/产品库存台账	一季度	二季度	三季度	四季度
1	季初盘点(请填数量)					
2	更新短期贷款/短期贷款还本付息					
3	申请短期贷款					
4	原材料入库/更新原料订单					
5	下原料订单					
6	购买/租用厂房					
7	更新生产/完工入库					
8	新建/在建/转产/变卖生产线					
9	紧急采购原料(随时进行)					
10	开始下一批生产					
11	更新应收款/应收款收现					
12	按订单交货					
13	产品研发投资					
14	厂房出售(买转租)/退租/租转买					
15	新市场开拓/ISO资格投资					
16	支付管理费/更新厂房租金					
17	出售库存					
18	厂房贴现					
19	应收款贴现					
20	季末出库合计					
21	季末支出合计					
22	季末数额对账[1项+20项+21项]					
年末		缴纳违约订单罚款				
		支付设备维护费				
		计提折旧				
		新市场/ISO资格换证				
		结账				

订单登记表

订单号										合计
市场										
产品										
数量										
账期										
销售额										
成本										
毛利										
未售										

产品核算统计表

	P1	P2	P3	P4	合计
数量					
销售额					
成本					
毛利					

市场核算统计表

	本地	区域	国内	亚洲	国际	合计
数量						
销售额						
成本						
毛利						

组间交易明细表

买入			卖出		
产品	数量	金额	产品	数量	金额

综合管理费用明细表

单位:百万

项 目	金 额	备 注
管理费		
广告费		
设备维护费		
厂房租金		
转产费		
新市场开拓		□本地　□区域　□国内　□亚洲　□国际
ISO 资格认证		□ISO 9000　　□ISO 14000
产品研发		P1(　)　P2(　)　P3(　)　P4(　)
其他损失		
信息费		
合 计		

利 润 表

项　目	上 年 数	本 年 数
销售收入		
直接成本		
毛利		
综合费用		
折旧前利润		
折旧		
支付利息前利润		
财务收入／支出		
其他收入／支出		
税前利润		
所得税		
净利润		

资产负债表

资　产	期初数	期末数	负债和所有者权益	期初数	期末数
流动资产：			负债：		
现金			长期负债		
应收款			短期负债		
在制品			应付账款		
成品			应交税金		
原料			一年内到期的长期负债		
流动资产合计			负债合计		
固定资产：			所有者权益：		
土地和建筑			股东资本		
机器与设备			利润留存		
在建工程			年度净利		
固定资产合计			所有者权益合计		
资产总计			负债和所有者权益总计		

注：库存折价拍卖、生产线变卖、紧急采购、订单违约，及注资计入损失。

第三年现金预算表

时间（季）	1	2	3	4
期初库存现金				
贴现收入				
支付上年应缴税费				
市场广告投入				
长期贷款本息收支				
支付到期短期贷款本息				
申请短期贷款				
原料采购支付现金				
厂房租买开支				
生产线（新在建、转、卖）				
工人工资				
应收款到期				
产品研发投资				
支付管理费用及厂房续租				
市场及ISO开发				
设备维护费用				
违约罚款				
其他				
库存现金余额				

要点记录
第一季度：_____
第二季度：_____
第三季度：_____
第四季度：_____
年底小结：_____

第三年经营流程表

操作顺序	请按顺序执行下列各项操作。各总监在方格中填写原材料采购/在制品/产品出库及入库情况。其中：入库数量为"+"，出库数量为"-"。季末入库合计为"+"数据相加，季末出库合计为"-"数据相加。								
年初	新年度规划会议								
	选单及招标竞单								
	制订新年度计划								
	支付应付税								
	支付长贷利息								
	更新长期贷款/长期贷款还款								
	申请长期贷款								
	原材料/在制品/产品库存台账	一季度		二季度		三季度		四季度	
1	季初盘点(请填数量)								
2	更新短期贷款/短期贷款还本付息								
3	申请短期贷款								
4	原材料入库/更新原料订单								
5	下原料订单								
6	购买/租用厂房								
7	更新生产/完工入库								
8	新建/在建/转产/变卖生产线								
9	紧急采购原料(随时进行)								
10	开始下一批生产								
11	更新应收款/应收款收现								
12	按订单交货								
13	产品研发投资								
14	厂房出售(买转租)/退租/租转买								
15	新市场开拓/ISO 资格投资								
16	支付管理费/更新厂房租金								
17	出售库存								
18	厂房贴现								
19	应收款贴现								
20	季末出库合计								
21	季末支出合计								
22	季末数额对账[1 项+20 项+21 项]								
年末	缴纳违约订单罚款								
	支付设备维护费								
	计提折旧								
	新市场/ISO 资格换证								
	结账								

订单登记表

订单号								合计
市场								
产品								
数量								
账期								
销售额								
成本								
毛利								
未售								

产品核算统计表

	P1	P2	P3	P4	合计
数量					
销售额					
成本					
毛利					

市场核算统计表

	本地	区域	国内	亚洲	国际	合计
数量						
销售额						
成本						
毛利						

组间交易明细表

买入			卖出		
产品	数量	金额	产品	数量	金额

综合管理费用明细表 单位:百万

项 目	金 额	备 注
管理费		
广告费		
设备维护费		
租 金		
转产费		
市场准入开拓		□本地 □区域 □国内 □亚洲 □国际
ISO 资格认证		□ISO 9000 □ISO 14000
产品研发		P1(　) P2(　) P3(　) P4(　)
其他损失		
信息费		
合 计		

利 润 表

项 目	上 年 数	本 年 数
销售收入		
直接成本		
毛利		
综合费用		
折旧前利润		
折旧		
支付利息前利润		
财务收入/支出		
其他收入/支出		
税前利润		
所得税		
净利润		

资产负债表

资 产	期初数	期末数	负债和所有者权益	期初数	期末数
流动资产:			负债:		
现金			长期负债		
应收款			短期负债		
在制品			应付账款		
成品			应交税金		
原料			一年内到期的长期负债		
流动资产合计			负债合计		
固定资产:			所有者权益:		
土地和建筑			股东资本		
机器与设备			利润留存		
在建工程			年度净利		
固定资产合计			所有者权益合计		
资产总计			负债和所有者权益总计		

注：库存折价拍卖、生产线变卖、紧急采购、订单违约，及注资计入损失。

第四年现金预算表

时间(季)	1	2	3	4
期初库存现金				
贴现收入				
支付上年应缴税费				
市场广告投入				
长期贷款本息收支				
支付到期短期贷款本息				
申请短期贷款				
原料采购支付现金				
厂房租买开支				
生产线(新在建、转、卖)				
工人工资				
应收款到期				
产品研发投资				
支付管理费用及厂房续租				
市场及ISO开发				
设备维护费用				
违约罚款				
其他				
库存现金余额				

要点记录
第一季度：_____
第二季度：_____
第三季度：_____
第四季度：_____
年底小结：_____

第四年经营流程表

操作顺序			一季度	二季度	三季度	四季度
年初	请按顺序执行下列各项操作。各总监在方格中填写原材料采购/在制品/产品出库及入库情况。其中：入库数量为"+"，出库数量为"-"。季末入库合计为"+"数据相加，季末出库合计为"-"数据相加。					
年初	新年度规划会议					
	选单及招标竞单					
	制订新年度计划					
	支付应付税					
	支付长贷利息					
	更新长期贷款/长期贷款还款					
	申请长期贷款					
	原材料/在制品/产品库存台账		一季度	二季度	三季度	四季度
1	季初盘点（请填数量）					
2	更新短期贷款/短期贷款还本付息					
3	申请短期贷款					
4	原材料入库/更新原料订单					
5	下原料订单					
6	购买/租用厂房					
7	更新生产/完工入库					
8	新建/在建/转产/变卖生产线					
9	紧急采购原料（随时进行）					
10	开始下一批生产					
11	更新应收款/应收款收现					
12	按订单交货					
13	产品研发投资					
14	厂房出售(买转租)/退租/租转买					
15	新市场开拓/ISO资格投资					
16	支付管理费/更新厂房租金					
17	出售库存					
18	厂房贴现					
19	应收款贴现					
20	季末出库合计					
21	季末支出合计					
22	季末数额对账[1项+20项+21项]					
年末	缴纳违约订单罚款					
	支付设备维护费					
	计提折旧					
	新市场/ISO资格换证					
	结账					

订单登记表

订单号										合计
市场										
产品										
数量										
账期										
销售额										
成本										
毛利										
未售										

产品核算统计表

	P1	P2	P3	P4	合计
数量					
销售额					
成本					
毛利					

市场核算统计表

	本地	区域	国内	亚洲	国际	合计
数量						
销售额						
成本						
毛利						

组间交易明细表

买入			卖出		
产品	数量	金额	产品	数量	金额

综合管理费用明细表

单位：百万

项 目	金 额	备 注
管理费		
广告费		
设备维护费		
厂房租金		
转产费		
新市场开拓		□本地　□区域　□国内　□亚洲　□国际
ISO 资格认证		□ISO 9000　□ISO 14000
产品研发		P1(　)　P2(　)　P3(　)　P4(　)
其他损失		
信息费		
合 计		

利 润 表

项 目	上 年 数	本 年 数
销售收入		
直接成本		
毛利		
综合费用		
折旧前利润		
折旧		
支付利息前利润		
财务收入/支出		
其他收入/支出		
税前利润		
所得税		
净利润		

资产负债表

资 产	期初数	期末数	负债和所有者权益	期初数	期末数
流动资产:			负债:		
现金			长期负债		
应收款			短期负债		
在制品			应付账款		
成品			应交税金		
原料			一年内到期的长期负债		
流动资产合计			负债合计		
固定资产:			所有者权益:		
土地和建筑			股东资本		
机器与设备			利润留存		
在建工程			年度净利		
固定资产合计			所有者权益合计		
资产总计			负债和所有者权益总计		

注:库存折价拍卖、生产线变卖、紧急采购、订单违约,及注资计入损失。

第五年现金预算表

时间(季)	1	2	3	4
期初库存现金				
贴现收入				
支付上年应缴税费				
市场广告投入				
长期贷款本息收支				
支付到期短期贷款本息				
申请短期贷款				
原料采购支付现金				
厂房租买开支				
生产线(新在建、转、卖)				
工人工资				
应收款到期				
产品研发投资				
支付管理费用及厂房续租				
市场及ISO开发				
设备维护费用				
违约罚款				
其他				
库存现金余额				

要点记录
第一季度：_____
第二季度：_____
第三季度：_____
第四季度：_____
年底小结：_____

第五年经营流程表

操作顺序	请按顺序执行下列各项操作。各总监在方格中填写原材料采购/在制品/产品出库及入库情况。其中：入库数量为"+"，出库数量为"－"。季末入库合计为"+"数据相加,季末出库合计为"－"数据相加。												
年初	新年度规划会议												
	选单及招标竞单												
	制订新年度计划												
	支付应付税												
	支付长贷利息												
	更新长期贷款/长期贷款还款												
	申请长期贷款												
	原材料/在制品/产品库存台账	一季度			二季度			三季度			四季度		
1	季初盘点(请填数量)												
2	更新短期贷款/短期贷款还本付息												
3	申请短期贷款												
4	原材料入库/更新原料订单												
5	下原料订单												
6	购买/租用厂房												
7	更新生产/完工入库												
8	新建/在建/转产/变卖生产线												
9	紧急采购原料(随时进行)												
10	开始下一批生产												
11	更新应收款/应收款收现												
12	按订单交货												
13	产品研发投资												
14	厂房出售(买转租)/退租/租转买												
15	新市场开拓/ISO 资格投资												
16	支付管理费/更新厂房租金												
17	出售库存												
18	厂房贴现												
19	应收款贴现												
20	季末出库合计												
21	季末支出合计												
22	季末数额对账[1项+20项+21项]												
年末	缴纳违约订单罚款												
	支付设备维护费												
	计提折旧												
	新市场/ISO 资格换证												
	结账												

订单登记表

订单号										合计
市场										
产品										
数量										
账期										
销售额										
成本										
毛利										
未售										

产品核算统计表

	P1	P2	P3	P4	合计
数量					
销售额					
成本					
毛利					

市场核算统计表

	本地	区域	国内	亚洲	国际	合计
数量						
销售额						
成本						
毛利						

组间交易明细表

买入			卖出		
产品	数量	金额	产品	数量	金额

综合管理费用明细表

单位:百万

项 目	金 额	备 注
管理费		
广告费		
设备维护费		
租 金		
转产费		
新市场开拓		□本地　□区域　□国内　□亚洲　□国际
ISO 资格认证		□ISO 9000　　□ISO 14000
产品研发		P1(　) P2(　) P3(　) P4(　)
其 他		
合 计		

利 润 表

项　　目	上 年 数	本 年 数
销售收入		
直接成本		
毛利		
综合费用		
折旧前利润		
折旧		
支付利息前利润		
财务收入/支出		
其他收入/支出		
税前利润		
所得税		
净利润		

资产负债表

资　　产	期初数	期末数	负债和所有者权益	期初数	期末数
流动资产：			负债：		
现金			长期负债		
应收款			短期负债		
在制品			应付账款		
成品			应交税金		
原料			一年内到期的长期负债		
流动资产合计			负债合计		
固定资产：			所有者权益：		
土地和建筑			股东资本		
机器与设备			利润留存		
在建工程			年度净利		
固定资产合计			所有者权益合计		
资产总计			负债和所有者权益总计		

注：库存折价拍卖、生产线变卖、紧急采购、订单违约，及注资计入损失。

第六年现金预算表

时间(季)	1	2	3	4
期初库存现金				
贴现收入				
支付上年应缴税费				
市场广告投入				
长期贷款本息收支				
支付到期短期贷款本息				
申请短期贷款				
原料采购支付现金				
厂房租买开支				
生产线(新在建、转、卖)				
工人工资				
应收款到期				
产品研发投资				
支付管理费用及厂房续租				
市场及ISO开发				
设备维护费用				
违约罚款				
其他				
库存现金余额				

要点记录

第一季度：_____

第二季度：_____

第三季度：_____

第四季度：_____

年底小结：_____

第六年经营流程表

操作顺序			一季度	二季度	三季度	四季度
	请按顺序执行下列各项操作。各总监在方格中填写原材料采购/在制品/产品出库及入库情况。其中：入库数量为"+"，出库数量为"-"。季末入库合计为"+"数据相加，季末出库合计为"-"数据相加。					
年初	新年度规划会议					
	选单及招标竞单					
	制订新年度计划					
	支付应付税					
	支付长贷利息					
	更新长期贷款/长期贷款还款					
	申请长期贷款					
	原材料/在制品/产品库存台账		一季度	二季度	三季度	四季度
1	季初盘点(请填数量)					
2	更新短期贷款/短期贷款还本付息					
3	申请短期贷款					
4	原材料入库/更新原料订单					
5	下原料订单					
6	购买/租用厂房					
7	更新生产/完工入库					
8	新建/在建/转产/变卖生产线					
9	紧急采购原料(随时进行)					
10	开始下一批生产					
11	更新应收款/应收款收现					
12	按订单交货					
13	产品研发投资					
14	厂房出售(买转租)/退租/租转买					
15	新市场开拓/ISO 资格投资					
16	支付管理费/更新厂房租金					
17	出售库存					
18	厂房贴现					
19	应收款贴现					
20	季末出库合计					
21	季末支出合计					
22	季末数额对账[1 项+20 项+21 项]					
年末	缴纳违约订单罚款					
	支付设备维护费					
	计提折旧					
	新市场/ISO 资格换证					
	结账					

订单登记表

订单号									合计
市场									
产品									
数量									
账期									
销售额									
成本									
毛利									
未售									

产品核算统计表

	P1	P2	P3	P4	合计
数量					
销售额					
成本					
毛利					

市场核算统计表

	本地	区域	国内	亚洲	国际	合计
数量						
销售额						
成本						
毛利						

组间交易明细表

买入			卖出		
产品	数量	金额	产品	数量	金额

综合管理费用明细表   单位:百万

项目	金额	备注
管理费		
广告费		
设备维护费		
厂房租金		
转产费		
市场准入开拓		□本地　□区域　□国内　□亚洲　□国际
ISO 资格认证		□ISO 9000　　□ISO 14000
产品研发		P1(　)　P2(　)　P3(　)　P4(　)
其他损失		
信息费		
合　计		

利 润 表

项　　目	上 年 数	本 年 数
销售收入		
直接成本		
毛利		
综合费用		
折旧前利润		
折旧		
支付利息前利润		
财务收入/支出		
其他收入/支出		
税前利润		
所得税		
净利润		

资产负债表

资　　产	期初数	期末数	负债和所有者权益	期初数	期末数
流动资产：			负债：		
现金			长期负债		
应收款			短期负债		
在制品			应付账款		
成品			应交税金		
原料			一年内到期的长期负债		
流动资产合计			负债合计		
固定资产：			所有者权益：		
土地和建筑			股东资本		
机器与设备			利润留存		
在建工程			年度净利		
固定资产合计			所有者权益合计		
资产总计			负债和所有者权益总计		

注：库存折价拍卖、生产线变卖、紧急采购、订单违约，及注资计入损失。

第七年现金预算表

时间(季)	1	2	3	4
期初库存现金				
贴现收入				
支付上年应缴税费				
市场广告投入				
长期贷款本息收支				
支付到期短期贷款本息				
申请短期贷款				
原料采购支付现金				
厂房租买开支				
生产线(新在建、转、卖)				
工人工资				
应收款到期				
产品研发投资				
支付管理费用及厂房续租				
市场及ISO开发				
设备维护费用				
违约罚款				
其他				
库存现金余额				

要点记录

第一季度：＿＿＿＿＿＿＿＿＿＿＿＿＿＿＿＿＿＿＿＿＿＿＿＿＿＿＿＿＿＿

第二季度：＿＿＿＿＿＿＿＿＿＿＿＿＿＿＿＿＿＿＿＿＿＿＿＿＿＿＿＿＿＿

第三季度：＿＿＿＿＿＿＿＿＿＿＿＿＿＿＿＿＿＿＿＿＿＿＿＿＿＿＿＿＿＿

第四季度：＿＿＿＿＿＿＿＿＿＿＿＿＿＿＿＿＿＿＿＿＿＿＿＿＿＿＿＿＿＿

年底小结：＿＿＿＿＿＿＿＿＿＿＿＿＿＿＿＿＿＿＿＿＿＿＿＿＿＿＿＿＿＿

第七年经营流程表

操作顺序			一季度	二季度	三季度	四季度
年初	新年度规划会议					
	选单及招标竞单					
	制订新年度计划					
	支付应付税					
	支付长贷利息					
	更新长期贷款/长期贷款还款					
	申请长期贷款					
	原材料/在制品/产品库存台账		一季度	二季度	三季度	四季度
1	季初盘点(请填数量)					
2	更新短期贷款/短期贷款还本付息					
3	申请短期贷款					
4	原材料入库/更新原料订单					
5	下原料订单					
6	购买/租用厂房					
7	更新生产/完工入库					
8	新建/在建/转产/变卖生产线					
9	紧急采购原料(随时进行)					
10	开始下一批生产					
11	更新应收款/应收款收现					
12	按订单交货					
13	产品研发投资					
14	厂房出售(买转租)/退租/租转买					
15	新市场开拓/ISO 资格投资					
16	支付管理费/更新厂房租金					
17	出售库存					
18	厂房贴现					
19	应收款贴现					
20	季末出库合计					
21	季末支出合计					
22	季末数额对账[1 项+20 项+21 项]					
年末	缴纳违约订单罚款					
	支付设备维护费					
	计提折旧					
	新市场/ISO 资格换证					
	结账					

订单登记表

订单号										合计
市场										
产品										
数量										
账期										
销售额										
成本										
毛利										
未售										

产品核算统计表

	P1	P2	P3	P4	合计
数量					
销售额					
成本					
毛利					

市场核算统计表

	本地	区域	国内	亚洲	国际	合计
数量						
销售额						
成本						
毛利						

组间交易明细表

买入			卖出		
产品	数量	金额	产品	数量	金额

综合管理费用明细表

单位:百万

项 目	金 额	备 注
管理费		
广告费		
设备维护费		
厂房租金		
转产费		
市场准入开拓		□本地 □区域 □国内 □亚洲 □国际
ISO 资格认证		□ISO 9000 □ISO 14000
产品研发		P1(　) P2(　) P3(　) P4(　)
其他损失		
信息费		
合 计		

利 润 表

项　目	上 年 数	本 年 数
销售收入		
直接成本		
毛利		
综合费用		
折旧前利润		
折旧		
支付利息前利润		
财务收入/支出		
其他收入/支出		
税前利润		
所得税		
净利润		

资产负债表

资　产	期初数	期末数	负债和所有者权益	期初数	期末数
流动资产：			负债：		
现金			长期负债		
应收款			短期负债		
在制品			应付账款		
成品			应交税金		
原料			一年内到期的长期负债		
流动资产合计			负债合计		
固定资产：			所有者权益：		
土地和建筑			股东资本		
机器与设备			利润留存		
在建工程			年度净利		
固定资产合计			所有者权益合计		
资产总计			负债和所有者权益总计		

注：库存折价拍卖、生产线变卖、紧急采购、订单违约，及注资计入损失。

第八年现金预算表

时间(季)	1	2	3	4
期初库存现金				
贴现收入				
支付上年应缴税费				
市场广告投入				
长期贷款本息收支				
支付到期短期贷款本息				
申请短期贷款				
原料采购支付现金				
厂房租买开支				
生产线(新在建、转、卖)				
工人工资				
应收款到期				
产品研发投资				
支付管理费用及厂房续租				
市场及 ISO 开发				
设备维护费用				
违约罚款				
其他				
库存现金余额				

要点记录
第一季度：_____
第二季度：_____
第三季度：_____
第四季度：_____
年底小结：_____

第八年经营流程表

操作顺序	请按顺序执行下列各项操作。各总监在方格中填写原材料采购/在制品/产品出库及入库情况。其中:入库数量为"+",出库数量为"-"。季末入库合计为"+"数据相加,季末出库合计为"-"数据相加。				
年初	新年度规划会议				
	选单及招标竞单				
	制订新年度计划				
	支付应付税				
	支付长贷利息				
	更新长期贷款/长期贷款还款				
	申请长期贷款				
	原材料/在制品/产品库存台账	一季度	二季度	三季度	四季度
1	季初盘点(请填数量)				
2	更新短期贷款/短期贷款还本付息				
3	申请短期贷款				
4	原材料入库/更新原料订单				
5	下原料订单				
6	购买/租用厂房				
7	更新生产/完工入库				
8	新建/在建/转产/变卖生产线				
9	紧急采购原料(随时进行)				
10	开始下一批生产				
11	更新应收款/应收款收现				
12	按订单交货				
13	产品研发投资				
14	厂房出售(买转租)/退租/租转买				
15	新市场开拓/ISO资格投资				
16	支付管理费/更新厂房租金				
17	出售库存				
18	厂房贴现				
19	应收款贴现				
20	季末出库合计				
21	季末支出合计				
22	季末数额对账[1项+20项+21项]				
年末	缴纳违约订单罚款				
	支付设备维护费				
	计提折旧				
	新市场/ISO资格换证				
	结账				

第10章 企业经营用表及附录

订单登记表

订单号									合计
市场									
产品									
数量									
账期									
销售额									
成本									
毛利									
未售									

产品核算统计表

	P1	P2	P3	P4	合计
数量					
销售额					
成本					
毛利					

市场核算统计表

	本地	区域	国内	亚洲	国际	合计
数量						
销售额						
成本						
毛利						

组间交易明细表

买入			卖出		
产品	数量	金额	产品	数量	金额

综合管理费用明细表　　　　　　　　　　　　　　　　　单位：百万

项　目	金　额	备　注
管理费		
广告费		
设备维护费		
租　金		
转产费		
新市场开拓		□本地　□区域　□国内　□亚洲　□国际
ISO 资格认证		□ISO 9000　□ISO 14000
产品研发		P1(　) P2(　) P3(　) P4(　)
其他损失		
信息费		
合　计		

利 润 表

项 目	上 年 数	本 年 数
销售收入		
直接成本		
毛利		
综合费用		
折旧前利润		
折旧		
支付利息前利润		
财务收入/支出		
其他收入/支出		
税前利润		
所得税		
净利润		

资产负债表

资产	期初数	期末数	负债和所有者权益	期初数	期末数
流动资产:			负债:		
现金			长期负债		
应收款			短期负债		
在制品			应付账款		
成品			应交税金		
原料			一年内到期的长期负债		
流动资产合计			负债合计		
固定资产:			所有者权益:		
土地和建筑			股东资本		
机器与设备			利润留存		
在建工程			年度净利		
固定资产合计			所有者权益合计		
资产总计			负债和所有者权益总计		

注:库存折价拍卖、生产线变卖、紧急采购、订单违约,及注资计入损失。

附录1 生产计划及采购计划编制

表1 生产计划及采购计划编制举例

生产线		第 1 年				第 2 年				第 3 年			
		一季度	二季度	三季度	四季度	一季度	二季度	三季度	四季度	一季度	二季度	三季度	四季度
1 手工	产品			P1									
	材料		R1										
2 手工	产品		P1		R1	P1							
	材料	R1											
3 手工	产品	P1		P1			P1					P2	
	材料		R1										
4 半自动	产品		P1		P1								P2
	材料	R1											
5	产品												
	材料												
…	产品												
	材料												
合计	产品	1P1	2P1	1P1	2P1								
	材料	2R1	1R1		1R1								

表2 生产计划及采购计划编制（1～3年）

生产线		第1年				第2年				第3年			
		一季度	二季度	三季度	四季度	一季度	二季度	三季度	四季度	一季度	二季度	三季度	四季度
1	产品												
	材料												
2	产品												
	材料												
3	产品												
	材料												
4	产品												
	材料												
5	产品												
	材料												
6	产品												
	材料												
7	产品												
	材料												
8	产品												
	材料												
合计	产品												
	材料												

表3 生产计划及采购计划编制（4～6年）

生产线		第 4 年				第 5 年				第 6 年			
		一季度	二季度	三季度	四季度	一季度	二季度	三季度	四季度	一季度	二季度	三季度	四季度
1	产品												
	材料												
2	产品												
	材料												
3	产品												
	材料												
4	产品												
	材料												
5	产品												
	材料												
6	产品												
	材料												
7	产品												
	材料												
8	产品												
	材料												
合计	产品												
	材料												

表 4　生产计划及采购计划编制（7～9 年）

生产线		第 7 年				第 8 年				第 9 年			
		一季度	二季度	三季度	四季度	一季度	二季度	三季度	四季度	一季度	二季度	三季度	四季度
1	产品												
	材料												
2	产品												
	材料												
3	产品												
	材料												
4	产品												
	材料												
5	产品												
	材料												
6	产品												
	材料												
7	产品												
	材料												
8	产品												
	材料												
合计	产品												
	材料												

附录2 实物沙盘市场预测

这是由一家权威的市场调研机构对未来6年里各个市场的需求的预测,应该说这一预测有着很高的可信度。但根据这一预测进行企业的经营运作,其后果将由各企业自行承担。

P1产品是目前市场上的主流技术,P2作为对P1的技术改良产品,也比较容易获得大众的认同。

P3和P4产品作为P系列产品里的高端技术,各个市场上对他们的认同程度不尽相同,需求量与价格也会有较大的差异。

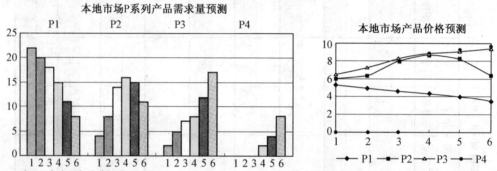

本地市场将会持续发展,客户对低端产品的需求可能要下滑。伴随着需求的减少,低端产品的价格很有可能会逐步走低。后几年,随着高端产品的成熟,市场对P3、P4产品的需求将会逐渐增大。同时随着时间的推移,客户的质量意识将不断提高,后几年可能会对厂商是否通过了ISO 9000认证和ISO 14000认证有更多的要求。

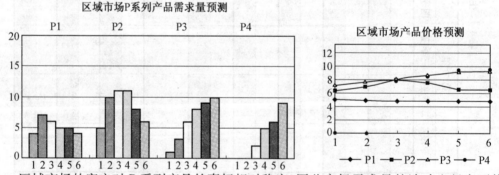

区域市场的客户对P系列产品的喜好相对稳定,因此市场需求量的波动也很有可能会比较平稳。因其紧邻本地市场,所以产品需求量的走势可能与本地市场相似,价格趋势也应大致一样。该市场的客户比较乐于接受新的事物,因此对于高端产品也会比较有兴趣,但由于受到地域的限制,该市场的需求总量非常有限。并且这个市场上的客户相对比较挑剔,因此在后几年客户会对厂商是否通过了ISO 9000认证和ISO 14000认证有较高的要求。

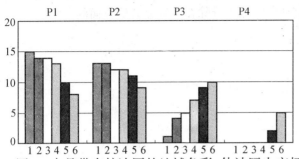
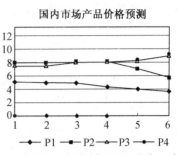

因 P1 产品带有较浓厚的地域色彩,估计国内市场对 P1 产品不会有持久的需求。但 P2 产品因为更适合于国内市场,所以估计需求会一直比较平稳。随着对 P 系列产品新技术的逐渐认同,估计对 P3 产品的需求会发展较快,但这个市场上的客户对 P4 产品却并不是那么认同。当然,对于高端产品来说,客户一定会更注重产品的质量保证。

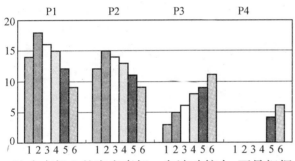
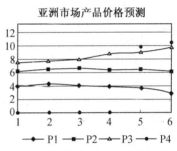

这个市场上的客户喜好一向波动较大,不易把握,所以对 P1 产品的需求可能起伏较大,估计 P2 产品的需求走势也会与 P1 相似。但该市场对新产品很敏感,因此估计对 P3、P4 产品的需求会发展较快,价格也可能不菲。另外,这个市场的消费者很看重产品的质量,所以在后几年里,如果厂商没有通过 ISO 9000 和 ISO 14000 的认证,其产品可能很难销售。

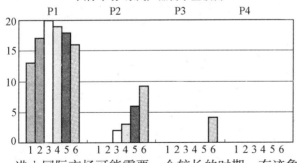
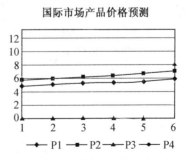

进入国际市场可能需要一个较长的时期。有迹象表明,目前这一市场上的客户对 P1 产品已经有所认同,需求也会比较旺盛。对于 P2 产品,客户将会谨慎地接受,但仍需要一段时间才能被市场所接受。对于新兴的技术,这一市场上的客户将会以观望为主,因此对于 P3 和 P4 产品的需求将会发展极慢。因为产品需求主要集中在低端,所以客户对于 ISO 的要求并不如其他几个市场那么高,但也不排除在后期会有这方面的需求。